KB202668

아트설교연구원
설교시리즈 1

성경적 리더십 2025

들리는 설교

김도인 박윤성 손동식 이재영 석근대 황상형 허진근 이지철 박영수 김현수 김정준

글과길

추천사

설교는 홍수처럼 범람하고 있지만 하나님 말씀은 기갈 된 안타까운 한국교회 현실을 바로 세우고자 오랫동안 연구에 연구를 거듭해 오던 아트설교연구원에서 《설교트렌드 2025》를 책으로 출간하였다. 나는 이 소식을 접하자마자 하나님께서 바라시는 책이 나왔다는 생각부터 들었다. 한국교회는 그동안 세계교회사에서 볼 수 없을 정도로 폭발적인 성장을 이루어 왔지만, 코로나19 후에 힘없이 무너져 가는 것은 영적으로 강한 말씀을 섭취하지 못한 결과라 해도 과언이 아니다. 《설교트렌드 2025》가 이를 지적했듯이 들리는 설교가 없기 때문이었다.

이 책은 그동안 아트설교연구원에서 체계적으로 설교를 연구한 목회자 및 학자들이 한국교회 강단을 분석하고 처방한 내용들로 가득 채웠기에 의미가 남다르다고 할 수 있다.

이론을 배워 강단에 접목하면서 또다시 문제점을 공감하고 그에 대한 이론을 재정립하고 실제 강단에서 실행한 열한 분의 목회자가 쏟아낸 옥고들이기에《설교트렌드 2025》는 이 시대에 설교학 중의 설교학이라는 평가를 받을 자격이 충분하다.

특히《설교트렌드 2025》는 한국교회의 민낯, 들리지 않는 설교를 바로잡아 주기 위해 총 4장으로 구성되었고 한국교회 설교의 문제점과 처방을 함께 제시하고 있다. 첫째, 청중으로부터 외면받고 있고, 설교가 쇼핑 대상으로 전락하고 있는 면을 정확하게 진단하였다. 둘째, 청중의 니즈를 고민하라고 하며, 청중의 삶의 무관심에서 벗어난 설교, 일방불통에서 쌍방 소통의 설교로 전환할 것을 주장한다. 셋째, 설교는 논리적이어야 들린다고 하면서, 들리는 설교를 위한 제언으로 현실적 설교, 공감하는 설교, 쉽고 흥미로운 설교, 깊이 있는 설교를 강조하고 그것이 설교학적 설교라고 역설한다. 나아가 넷째는 설교에 목숨 걸라고까지 권면하면서 사고력, 어휘력, 문장력까지 더 높이라고 하며 절대 카피 설교는 하지 말라고 따끔한 충고까지 곁들이고 있다.

그래서 나는 이 책을 오늘날 우리 시대의 설교트렌드를 바로잡기 위한 간절함이 묻어 있는 책이고. 바른 설교자의 모델을 제시하고픈 목마름이 구구절절이 느껴지는 옥고들로 가득 찬 설교학 교본이라고 평가하고 싶다. 특히 설교 비평으로만 끝내지 않고, 설교 바로 하기에 유용한 구체적인 방법까지 쉽고 재미있게 제시하고 있어서 설교자에게는 필독서라고 할 수 있다.

설교는 하나님께서 목회자에게 주신 가장 우선적인 특권이며 동시에 가장 무거운 책임이다. 하나님은 구원의 사역과 하나님의 나라를 확장하는 데 설교자를 사용하신다. 따라서 설교는 설교의 철학, 설교의 가치를 바탕으로 정확한 말씀의 해석과 적용, 그리고 전달 방법까지 적절해야 하는 총체적인 종합예술이다. 게다가 성령 충만한 설교자의 영성과 생활방식까지도 설교에 영향을 끼친다. 이러한 모든 지식과 실제를 설교자에게 제공하여 자신의 설교 트렌드를 바로잡게 도와주는 책으로 부족함이 없는 책이 바로 이 책이다.

나는 《설교트렌드 2025》가 오늘날 우리 목회자들을 굳건한 설교자로 바로 서도록 인도하는 책이기에 중립적으로 추천서를 써야 하는 원칙을 깨고 간곡히 강요하고 싶은 심정으로 추천한다.

신영균 | 대한예수교장로회 총회 신학대학교 미래발전위원장, 영남신학대학교 특임교수, 경주제삼교회 위임목사, 행정학박사

설교의 형식보다 설교의 내용이 더 중요하다고 확신했던 시절이 있었다. 지금은 생각이 변했다. 내용이 좋아도 청중의 마음에 가닿지 않으면 설교는 공중분해 된다. 설교가 청중을 관통(貫通)하려면 먼저 소통(疏通)이 일어나야 한다. 설교가 들리기 시작할 때 소통이 일어나고 소통이 되면 말씀이 검이 되어 영혼을 관통하여 변화를 일으킨다. 현대사회는 소통의 방식에서 혁명적인 변화를 경험하고 있다. 《설교 트렌드 2025》는 '들리는 설교'를 위해 현장의 설교자들이 치열한 고민으로 쓴 책이다. 설교의 영광을 꿈꾸는 목회자들은 반드시 읽어야 할 책이다.

권오국 목사 | 이리신광교회 담임

영화를 만들 때 가장 중요한 요소는 '대본'이다.

차별화 된 대본, 사람의 마음을 훔치는 대본, 그리고 역사에 남을 대본, 그래서 대본이 영화에 가장 중요한 모퉁이 돌이다.

하나님의 말씀을 대언하는 설교자들에게 가장 중요한 것은 바로 성경이다. 성경은 성령의 감동으로 쓰여 진 대본이기 때문이다.

설교는 하나님과 인간 사이를 연결하는 다리다. 그래서 설 교(橋)다. 설교를 건너는 입장권은 단 하나 바로 예수 그리스도다. 우리는 다리를 건너면서 감상하라고 주신 것이 아니라 바로 죽음에서 생명으로 건너가라고 하신 것이다.

나는 설교를 축구에 비유하고 싶다. 축구에서 가장 중요한 것은 얼굴이 아니라 발이다. 축구는 발로 차고 발로 뛰는 운동이기 때문이다.

골은 거의 발로 넣는다. 그런데 골을 넣은 사람은 신문에 발이 아니라 얼굴이 나온다. 이처럼 성경도 인간이 보이지만 영광은 오직 하나님만 나와야 하는 것이다.

설교는 드리블과 같다. 개인이 오래 붙잡고 다니면 상대에게 빼앗기고 체력이 고갈되는 것처럼 드리블은 빨리 같은 편에게 넘기는 것이다. 이것이 축구 천재들의 노하우다.

마찬가지로 설교도 개인의 드리블을 자랑하는 것이 아니라 모든 공로를 하나님 편으로 넘겨야 한다. 그런 설교가 가장 멋진 설교 가장 합당한 설교다.

이번에 설교 트렌드 책이 나온다고 해서 기대가 크다. 이 책들은 시리즈로 나오는 데 읽는 내내 설교의 모든 영광은 하나님께만 집중하고 있다. 축구는 '골'이 중요한 것처럼 설교의 목적은 바로 하나님께 영광이기 때문이다.

이 책을 쓰는 자들은 열심히 발로 뛰는 축구선수들이다. 그런데 신문에는 하나님의 얼굴만 나오도록 충성된 종들이다.

이 책은 가장 중요한 기본기를 계속 얘기하고 있다. 그것은 바로 주 예수를 높이는 복음을 어떻게 설명할 것인가를 말하고 있다.

우리의 목적, 즉 '골'은 바로 오직 하나님의 영광이다. 이 책을 사서 읽는 내내 하나님의 영광을 높이면 이 책은 당신이 읽은 가장 멋진 인생의 대본이 될 것이다.

할렐루야

전 개그맨 출신 최형만 목사 | 최형만의 기상나팔 (유트브) 운영 중

안타까움이 책 밑바닥에 흐르고 있다.

하나님의 말씀이 인간에게 제대로 전달되지 않는 안타까움이다.

답답함이 책장 사이사이에 숨어 있다. 설교자들의 commmunication에 대한 무지에 대한 답답함이다.

분노가 언뜻 언뜻 표출되고 있다. 설교자와 설교가 외면당하고 있는 현실에 대한 분노이다.

분수처럼 쏟아내는 요구들 속에서 희망을 발견할 수 있다.

'우리 잘해 봅시다~'라는 마음.

'잘 할 수 있습니다~'라는 소리.

'잘 해야 합니다~'라는 결의.

이 책을 통해 설교의 회복을 위해 몸부림치는 사람들이 많다는 것을 알게 되었다. 하나님께서 설교자들에게 기회의 은혜를 주셨다고 믿게 되었다. 이론과 실제를 겸비한 분들의 논리적이고 현실적인 대안이 도전이 된다. 설교자의 사명감을 돌아보게 한다. 설교

자의 준비의 필요성을 절감한다. 설교자의 공감능력이 기도제목이 된다.

설교를 즐겁게 준비하고 선포하시기를 원하는 설교자들. 설교에 답답함과 부족함을 느끼는 설교자들. 설교를 통해 성도들을 행복하게 해 주고 싶은 설교자들. 읽으시면 길이 보일 것이다. 곱씹으면 거룩한 부담이 생기실 것이다. 적용하면 간증이 넘칠 것이다.

땀과 눈물과 피로 쓴 이 책을 통하여 묵상과 연구로 얻은 하나님의 뜻을, 성도들의 눈과 귀와 오감에 잘 전달하기를 소망하며 진심으로 추천한다.

안광찬 목사 | 전주동인교회 담임

목회자에게 설교는 그 사명이 다할 때까지 감당해 나아가야 할 무거운 부담이면서 특권이기도 한 영원한 과제다. 이 책은 그러한 설교를 다각도에서 점검해 볼 수 있는 유익을 준다.

연구나 훈련의 수고 없이 부담스럽기만 설교, 듣는 회중들은 공감하지 못하는 설교자만의 특권으로 전락해 버린 설교에 대한 점검의 기회를 제공하는 책이라 할 수 있다.

새로운 유행을 좇는 얕은 설교를 추구하는 설교자들보다 짧고 간결하지만 묵직한 울림을 주는 설교를 추구하는 설교자라면 이 책이 유용한 도움이 될 것이다.

더불어 바쁜 목회 일선에서 고군분투하는 목회자들이 치열하게 공부해서 출간하게 된 책이기에 더욱 그 가치가 큰 결과물이기에 수고한 연구자들에게 박수를 보낸다.

정영훈 목사 | 이음교회 담임

청중은 눈 빠지게 들리는 설교를 기다리고 있다

> "블러디미르, 그럼 갈까.
> 에스트라공, 가자.
> 둘은 그러나 움직이지 않는다."

사뮈엘 베케트의 소설 《고도를 기다리며》의 마지막 문장이다. 그들은 고도를 기다린다. 고도가 누구인지는 모른다. 블라디미르와 에스트라공은 고도라는 인물이 나타나기를 기다린다. 그들의 기다림은 어제 오늘에 시작된 것이 아니다. 그들 자신도 헤아릴 길이 없는 아주 오래전부터 기다림이 시작된 듯하다.

이 소설에 아래 대화가 여러 번 나온다.

"에스트라공 그만가자.
블러디미르 갈 순 없다 …
에스트라공 왜?
블러디미르 고도를 기다려야지."

에스트라공과 블러디미르는 실체 없는 고도를 하염없이 기다리고 있다.

설교는 어떤가? 설교는 실체가 있다. 실체가 있는 설교가 들리기를 하염없이 기다리는 사람들이 있다. 하나님의 자녀인 교인이다. 교인과 한국 교회가 눈이 빠지도록 기다리는 설교는 '들리는 설교'다.

사실, 들리는 설교도 실체가 없다. 청중은 귀와 마음에 들리는 그 실체를 보여 달라고 외친다. 교인의 간절한 열망에 부응하기 위해, 실체 없는 고도를 하염없이 기다리는 교인이 더 이상 없기 위해, 설교자는 들리는 설교의 실체를 교인에게 보여줘야 한다.

들리지 않는 설교는 안드로메다 은하와 같다

"아무 말이나 복창시키고 믿으시면 아멘 하라고 강요하는 설교~~ 안드로메다로 잠시 가출했다. 와아~~ 이런 설교를 듣고 예배를 무사히 마칠 수 있다니. 복창 한 5번 하면 그냥 안드로메다 행 우주선에 올라타게 된다!"

박양규 목사가 《설교는 글쓰기다 3 - 들리는 설교에서 보이는 설교로》를 출간올 즈음해 자신의 유튜브인 〈교회교육연구소〉에서 올린 지 만 하루 만에 달린 댓글 중 하나다.

교인은 설교가 들리지 않는 설교를 그냥 안드로메다 행 우주선에 올라타는 것이라고 말한다. 한국 강단의 들리지 않는 설교를 한마디로 충격적으로 표현한 댓글이다.

이런 댓글도 있다. "주일마다 한인교회에서 모이는데, 목회 경험이 없이 선교사로 파송 받은 목사님들이 설교하실 때마다 심각할 정도로 스트레스를 받습니다. 논리적 구성은 아예 없고, 알 수 없는 구호와 웅변만 있습니다. 인터넷 검색만 해도 알 수 있는 가짜뉴스나 이미 틀린 것으로 검증된 오래된 지식을 마치 혼자 아는 것 마냥 힘줘 말씀하시는 걸 보면 동종업자로서 실망스럽고 한심합니다. 설교자의 기본 소양도 갖추지 못한 채 잘못된 열정만 가득한 설교자들이 의외로 많습니다."

들리지 않는 설교를 하는 선교 현장을 단적으로 보여준다. 그는 설교가 '논리적 구성은 아예 없고, 알 수 없는 구호와 웅변만 있다.'고 말한다. 국내에서 설교하든, 해외에서 설교하든 설교는 교인들이 결코 받아들일 수 없는 것이 되어버렸다.

설교는 청중에게 하나님 만나는 기쁨을 주지 못하고 심각할 정도로 스트레스를 주고 있다. 누구나 아는 것을 마치 혼자 아는 것마냥 힘줘 설교하고 있다. 설교자는 기본 소양도 갖추지 못한 채 잘못된 열정만 가득하다. 이를 한 마디로 표현하면, 설교자는 교인들로부터 철저하게 외면 받고 있다는 말이다.

한국 사회는 개념 있는 사회가 되었다. 카페에 주인 없는 값비싼 노트북이나 스마트폰이 미동조차 없다. 이런 일들은 외국에서는 상상할 수 없다. 외국에서는 화장실 갈 때도 가방째 들고 간다. 개념 있는 한국 사회에서는 놓고 몇 시간 두어도 그대로 있다. 개념 있는 한국 사회에 설교자의 설교는 개념이 없다.

미래의 한국 교회는 괜찮은가? 고도의 지식사회에서 들리는 설교여야 하는데, 들리지 않는 설교가 난무하니 미래 한국 교회는 더 암울하다.

20세기 초에 헤르만 헤세는 그의 소설 《데미안》에서 신부의 설교를 이렇게 평가한다. "정말 엉터리 신부의 설교일 뿐." 헤르만 헤세의 아버지는 목사였고, 그도 신학을 공부했다. 그가 20세기 독일 생활할 때 설교자는 엉터리로 비쳤다. 21세기를 살아가는 한국 사회에서 설교자가 엉터리로 비춰지고 있다면 과한 평가일까?

'복창 한 5번 하면 그냥 안드로메다 행 우주선에 올라타게 된다.'

는 어느 교인의 절규는 한국 교회 설교자들의 보편적인 모습이 아닐까?라고 조심스럽게 고민이 된다.

16년째 설교자에게 글쓰기를 통해 설교를 가르친 경험자로서 필자는 한국 사회에서 설교자의 위상은 낮아질 것만 남았다는 말 밖에 할 것이 없다. 개념으로 사는 한국, 들리는 말이 난무하는 한국 사회에서, 유독 설교자만 들리지도 않는 설교를 하는, 개념 없어도 너무 없는 비논리적인 설교를 속히 사라지게 해야 하지 않을까?

들리지 않는 설교는 바알세불이 주동한다고 생각되지 않는가?

들리지 않는 설교는 바알세불이 만든 결과다. 톨스토이의 《사람은 무엇으로 사는가》의 〈지옥의 붕괴와 재건〉에서 망토 두른 악마가 이렇게 말한다. "그들이 그렇게 못하는 이유는 제가 그들을 늘 한 눈팔게 해서 그들이 알 수 있고 또 알 필요가 있는 것에는 주목하지 않고, 알 필요도 없고 절대 알아내지도 못할 것에 주목하도록 했기 때문이지요."

설교자가 들리는 설교에 관심 갖지 않는 것은 악마가 한 눈 팔게 했기 때문이라고 톨스토이는 말한다. 악마는 설교가 들려야 한다는 것에 설교자가 무관심 하게 한 것, 그리스도의 가르침이 말하고 있는 삶의 법칙들을 규정하는 것임을 절대로 알아내지 못하도록 한 것이라고 말한다.

계속되는 악마의 말이다. "자신들에게 필요한 유일한 것은 그리스도의 가르침이 말하고 있는 삶의 법칙들을 규정하는 것임을 절대로 알아내지 못하도록 하기 위해, 저는 그들이 영적인 삶의 법칙들에 대해선 알 수 없다고 생각하게 하고 그리스도의 가르침을 비롯한 모든 종교적 가르침을 잘못된 견해와 미신으로 여기도록 합니다. 그리고 어떻게 살아야 하는지에 대해서는 제가 그들을 위해 고안해 낸 과학, 즉 예전 사람들이 얼마나 다양하게 안 좋게 살았는지 연구하는 사회과학을 통해 알 수 있다고 생각하게끔 하지요. 그래서 그들은 그리스도의 가르침을 따라 더 잘 살기 위해 직접 애쓰는 대신에 오로지 예전 사람들의 삶을 연구해야 된다 생각하고, 그 연구를 통해 삶의 보편적 법칙들을 도출할 수 있으며, 잘 살기 위해서는 자신들이 생각해 낸 법칙들에 순응하기만 하면 된다고 생각합니다."

한국 교회 강단은 악마가 그리스도의 가르침이 말하고 있는 삶의 법칙들을 규정하는 것임을 절대로 알아내지 못하도록, 즉 들리는 설교를 무시하도록 하는 것을 따라가고 있지 않은가? 설교자는 그리스도의 가르침을 따라 더 잘 살기 위해 직접 애쓰는 대신에 오랫동안 해 왔던 설교 방식을 따라 가고 있지 않은가?

인공지능 시대에는 들리는 설교는 필수다. 악마가 방해하는 들리는 설교로 악마의 계획을 깨뜨려야 한다. 이것이 설교자가 예수님의 가르침을 따르는 길이다.

들리지 않는 설교, 설교자의 문해력이 문제다

설교는 이유를 막론하고 들려야 한다. 설교가 들리지 않는다면 하나님 무시이자 청중 무시다. 들리는 설교 시대를 지나 보이는 설교 시대에 접어들었지만, 아직 설교가 들리게 하지 못하면 에스더처럼 죽으면 죽으리라는 심정으로 금식하고 기도하며 하나님께 나아가야 한다.

대화에서 경청이 중요하다. 경청하지 않으면 대화는 이어지지 않는다. 설교도 들려야 한다. 들리지 않으면 교인은 더 이상 설교를 듣지 않는다.

설교가 들리려면 설교자가 청중과 차별화된 문해력을 지녀야 한다. 문해력이 과거에는 글자 읽기로 '음성적 읽기'였다. 지금의 문해력은 '의미적 읽기'로 글을 읽고 이해하는 능력 뿐 아니라, 글쓰기를 통해 생각을 명확하게 표현할 수 있는 능력까지 포함한다. 인공지능 시대 설교자의 문해력은 들리는 설교를 할 수 있느냐의 여부라 할 수 있다. 앞으로의 문해력은 글을 쓰는 여부를 넘어 자기만의 콘텐츠를 만들 수 있는 여부로까지 이어질 것으로 예상한다.

위에서 보듯이 문해력에 대한 이해도는 시대 따라 다르다. 청중의 설교자에 대한 요구도 시대에 따라 다르다. 현재의 청중은 지적으로 높은 성장을 이루었다. 청중은 스스로도 설교자보다 지적으로 우위에 있다고까지 이르게 되었다.

청중이 더 지적인 상황에 설교자는 설교 문해력은 그다지 달라지지 않았다. 30년 전이나, 30년이 지난 지금 설교자의 설교는 성경 주해의 설교가 주를 이룬다. 글쓰기를 통해 세상은 논증 위주의 글을 쓴다. 설교자는 논증 위주의 글을 쓰지 않는다. 설교자는 성경이 변하지 않는 것처럼 설교도 변하지 않아야 한다고 믿는 것 같다.

세상의 문해력은 읽기에서 쓰기로 변했다. 설교자의 문해력은 설명 수준에서 멈췄다. 논증으로까지 나아가지 못한 상태다. 예전처럼 여전히 성경을 주해하고 분석하여 적용하는 것에 머물고 있다. 글쓰기에서 내용보다 형식이 중요함으로 바뀌어, 설교도 성경 주해가 아니라 구성, 논리성, 어휘력, 개념 활용, 들리는 글쓰기 등으로 바뀌어야 한다. 진리를 말하는 것에서 진리가 귀에 쏙쏙 박히도록 바뀌어야 한다.

설교는 시대에 맞는 고유한 언어로 제시되어야 한다. 일찍이 C.S 루이스는 1945년 성공회 성직자들과 청년 지도자들 앞에서 이런 말을 했다. "우리의 임무는 영원한 것(어제나 오늘이나 내일이나 동일한 것)을 우리 시대의 고유한 언어로 제시하는 일입니다. 엉터리 설교자는 정반대의 일을 합니다 … 우리는 영원한 핵심을 현대의 옷을 입혀 가르쳐야 합니다 … 교육받지 못한 사람들의 언어로 번역할 수 없는 생각이라면 아직 정리되지 못한 생각이라고 저는 확신하게 되었습니다."

설교는 시대에 맞는 고유한 언어로 제시되어야 한다. 영원한 핵심을 현대의 옷을 입혀 가르쳐야 한다. 한 주제를 논리적으로 교인에게 전해야 한다. 하지만 한국 교회 강단은 과거의 언어, 과거의 방식, 익숙한 방식을 고집하고 있다.

설교가 왜 들리지 않는가? 설교가 들리지 않는 것은 설교자의 시대에 맞지 않는 문해력을 장착하고 있기에 그렇다. 시대와 호흡할 수 있는 문해력을 지니지 못하니, 들리는 설교의 시대에 들리는 설교로 가는 길이 아직도 요원한 것 같아 안타깝다.

설교가 들리려면 한 주제를 명확하게 해야 한다

설교가 들리려면 논리성에 완벽함을 지녀야 한다. 한국 교회 대세 설교는 'Three Point'다. 그 말은 논리성에 문제가 심각하다는 말이다. 설교자는 'Three Point'가 아니라 'One Point'의 들리는 설교를 해야 한다. 30년 전의 설교자나 2020년대의 설교자나 'Three Point' 설교이다. 청중도 'Three Point'에 익숙하다. 하지만 세상의 어떤 글도 'Three Point' 글이 있는가? 없다. 전부 'One Point'

의 글이다. 그러므로 설교도 'Three Point'가 아니라 'One Point' 글이어야 한다.

인공지능 시대에 한국 교회 설교는 조건과 이유를 불문하고 'One Point'여야 한다. 글과 구성에 반전이 있고 역동적인 설교여야 한다. 만약 'One Point' 설교를 하지 못하면 미사일로 전쟁해야 하는 데 소총으로 전쟁하겠다는 것과 같지 않은가?

설교는 동시대를 살아가는 청중을 대상으로 한다. 예수님 당시 청중이 아니다. 예수님 때의 청중이 대상이 되면 안 된다. 지금 시대를 살아가는 청중이 그 대상이다. 헤르만 헤세의 《데미안》에 이런 말이 있다. "그들은 모두가 그들의 삶의 법칙들이 이제는 맞지 않음을, 자기들은 낡은 목록에 따라 살고 있음을 느끼는 거야. 종교도, 도덕도 그 모두가 이제는 우리가 필요로 하는 것에 맞지 않아." 'Three Point' 설교는 청중이 필요에 맞지 않다는 것을 받아들여야 한다. 받아들이지 않으면 청중에게 들리는 설교는 언제일지 알 수 없다.

헤르만 헤세는 종교도, 도덕도 우리가 필요로 하는 것에 맞지 않다고 한다. 설교자의 설교도 청중이 필요로 하는 'One Point' 설교에 맞지 않다. 그렇다면 맞는 설교로 속히 전환해야 한다.

설교자가 바뀌어야 한다. 바뀌려면 먼저 생각이 바뀌어야 한다. 생각이 바뀌어야 하는 데 생각이 바뀌기 쉽지 않다는데 있다. 경영

구루인 피터 드러커는 "격변의 시대에 가장 위험한 것은 격변 자체가 아니다. 지난 사고방식을 버리지 못하는 것이다."라고 했다. 설교자는 철 지난 설교 방식이 시대와 맞지 않다는 생각으로 바뀌어야 한다. 교리는 철과 관계없이 사수해야 하지만, 철 지난 설교는 과감하게 버려야 한다.

2020년은 인공지능 시대다. 4차 산업 시대에 3차 산업을 고집한다면 얼마 가지 않고 사라질 것이 명약관화(明若觀火)하다. 세상과 청중이 지금의 설교가 맞지 않다고 하는데, 설교자가 맞다고 고집한다면 결국 교회가 소리 소문 없이 사라질 수 있다.

팬데믹을 통해 한국 교회가 급격하게 쇠퇴했다. 왜 그런가를 심각하게 고민해야 한다. 교회는 쇠퇴 원인을 영적 문제라고 자기 회피만을 한다. 영적인 문제 이전에 시대 변화를 따라가지 못해서라고 생각되지 않는가?

다음세대에게 들리는 설교를 못하면 강단에서 내려오는 것을 고민해야 한다

박양규 목사가 자신의 유튜브 〈교회교육연구소〉에 필자의 책을 올린 영상에 달린 댓글을 하나 더 소개한다. "생각을 깊이 하지 못해 늘 표현하는 게 단순하고 짧고 또 설명위주의 말들이었는데 제가 어떤 상태인지를 조금은 파악할 수 있는 영상이었습니다. 바로 구매하였는데, 읽고 조금씩 용기 내어 저의 생각을 써보는 일을 시작하겠습니다. 감사합니다."

대한민국은 세계 최고 학력의 나라다. 그런 나라에서 설명 위주가 아니라 논리가 장착된 낯선 사고, 풍부한 어휘, 탁월한 문장력을 갖춰야 한다. 특히 다음세대에게는 하나의 주제를 명확하게 들리는 설교여야 한다.

《설교는 글쓰기다3》에 이런 말이 있다. "들리는 설교의 시대에 설명의 설교를 했다. 보이는 시대에 설명의 설교와 들리는 설교를 하고 있다." 이 말은 강단이 세상보다 한 발 늦다는 말을 다르게 표현한 말이다.

다음세대는 세상보다 뒤떨어진 것에 관심이 없다. 말이 안 되면 딴 짓을 한다. 재미가 없으면 귀, 눈, 마음을 닫는다. 지금 다음세대는 친구들에게 교회에 가면 안 된다고 말하고 있다.

아직 가치관이 분명하지 않은 중고등학생도 어떤 것이 좋은지 안 좋은지, 도움이 되는지 안 되는지 안다.

다음세대는 학교에서 말도 되지 않는 글을 읽거나 말이 되지 않는 말을 듣지 않는다. 안타까운 것은 교회에 오는 순간 말이 되지 않는 설교가 선포되고 있다.

최근 다음세대 교역자가 설교 원고를 보내주며 설교가 어떠한지

봐 달라는 부탁이 있었다. 전혀 논리적이지 않는 설교라 좋은 말만 써서 보내주었다. 전화로 어떤가를 묻길래, '글쓰기를 많이 하면 좋겠다'라고 했다.

다음세대에게 논리적인 설교를 하지 못하거나, 들리지 않는 설교를 한다면 강단에서 내려오는 것을 고민해 봐야 한다. 이제는 무슨 말인지 모르는 설교는 다음세대에게 전혀 먹히지 않는다.

설교자는 들리는 설교를 기필코 해야 한다

한국 교회 설교자는 들리는 설교가 기본이어야 한다. 합동 교단 총회(당시 총회장 오정호 목사)가 개최한 '목회자여 일어나라!' 슬로건으로 마련된 '목양아카데미'에서 '글쓰기와 설교'를 주제로 강의를 했다. 강의한 뒤 한 설교자가 사모의 말을 들려주었다. "당신 설교는 늘 똑같아요." 이 말은 필자가 자주 듣는 말 중 하나였다.

"당신 설교는 늘 똑같아요.", "설교 힘들게 준비하지 말고 전 주일 설교를 갖다가 그대로 설교해요!" 아내에게 많이 듣던 말이다. 그리고 다른 설교자의 사모에게 가끔 듣는 말이다. 이런 말 할 때마다 필자는 "본문이 다르고, 등장인물이 다르고, 시간이 꽤 흘렀는데 설교가 다르지 않아, 다르게 듣지 못하는 당신이 문제 아냐?"라고 말했다. 하지만 아내는 매번 똑같은 설교를 매 주일 준비할 필요가 없지 않느냐고 힐난했다.

많은 설교자들 설교가 전주 설교나 1년 전 설교나, 3년 전 설교나 똑같이 들린다는 말이 이해가 되지 않을 수 있다. 아트설교연구원에서 필자에게 배웠던 설교자들의 설교를 몇 년 지난 뒤 들으면 똑같다는 생각 할 때가 종종 있다.

작가가 되면 단어, 문장 등에 예민하다. 특정인의 설교를 들을 때마다 이런 생각을 한다. 설교 구성, 단어 설명, 사용하는 어휘, 성경을 보는 사고의 폭이 시간이 지나도 거의 다르지 않구나! 그래서 기도를 많이 하고 설교를 하라고 선배들이 말한 것이라 생각이 든다. 꽤 많은 설교자는 시간이 흐르면 설교가 이전과 다르게 들린다. 고도의 지식화된 사회, 인공지능 사회에 설교자는 들리는 설교를 해야 한다.

'들리는 설교!'

한국 강단의 지상과제다. 이 과제를 달성하기 위해 설교자는 지력 향상에 힘을 쏟아야 한다.

이 책은 네 가지로 구성되어 있다

이 책은 하나님께서 이 시대를 향한 외침이라는 생각으로 여러 명이 함께 쓴 책이다. 이 책은 아트설교연구원에서 배운 설교자, 배우고 있는 설교자, 객원 필진 등으로 구성해 쓴 책이다.

이 책은 총 4장으로 구성되어 있다. 한국교회의 민낯, 들리지 않는 설교에서 벗어나라, 들리는 설교를 하라, 한국교회 제언 등이다.

첫째, 청중으로부터 외면 받고 있다, 세상으로부터 외면 받고 있다, 설교기 쇼핑 대상으로 선락했다, 설교자가 존중받지 못한다, 행복을 만들어야 할 설교가 불행을 창조한다, 삶과 강단이 같아야 한다, 강단에 예수님이 보이지 않는다, 반지성주의적 설교는 들리지 않고 질리게 한다 등이다.

둘째, 청중의 니즈를 고민하라, 쓰리 포인트에서 원 포인트로 전환하라, 청중 삶의 무관심에서 벗어나라, 주제 파악이 안 되는 설교에서 벗어나라, 뻔한 설교를 뒤집어라, 일방불통에서 쌍방소통으로 전환하라, 마음까지 공격하지 마라, 추상적인 설교에서 벗어나라 등이다.

셋째, 논리적이어야 들린다, 논증적이면 들린다, 현실적이면 들린다, 쉬우면 들린다, 적용적이면 들린다, 공감되면 들린다, 묘사를 하면 들린다, 소설을 활용하면 들린다, 설교가 쉽고, 흥미롭고, 깊이가 있으면 들린다, 들리는 설교를 위한 설교학적 제언 등이다.

넷째, 설교에 목숨 걸라, 사고력, 어휘력 문장력을 높여라, 변화를 강요하지 말고 삶의 방향을 제시하라, 설교 시간을 줄여라, 사적 모임을 줄이고 독서에 더 시간을 할애하라, 설교 글쓰기에서 승부수를 던져라, 다른 설교 카피하지 마라, 은유를 활용하라 등이다.

김도인 목사

아트설교연구원 대표, 〈글과길〉 출판사 대표이다.
지천명 때 독서를 시작해 10년 만에 5,000여권의 책을 읽었다.
총신대학교 신학대학원에서 신학을, 서강대학교 공공정책 대학원
에서 사회복지를 공부했다. 매주 설교자들을 대상으로 설교 글쓰기
강의, 책 쓰기 코칭과 외부 강의를 한다.
저서로는 《설교는 글쓰기다》, 《나만의 설교를 만드는 글쓰기 특강》,
《설교는 글쓰기다3》, 《설교자와 묵상》, 《설교를 통해 배운다》, 《설
교는 인문학이다》, 《인문학, 설교에 어떻게 활용 할 것인가》, 《언택
트와 교회》, 《독서꽝에서 독서광으로》, 《이기는 독서》, 《다음세대
셧다운》, 《목회트렌드 2023》, 《목회트렌드 2024》 등 20권의 저서
가 있다.
현재 매주 국내와 국외에서 10회 전후로 독서, 글쓰기, 책 쓰기 코
칭, 인문학과 시대의 트렌드 흐름 등의 강의를 한다.

목차

Chapter 1 ┃ 한국교회의 민낯

Chapter 4 ㅣ 한국교회 제언

Chapter 1

한국교회의 민낯

설교 트렌드
2025
들리는 설교

01

청중으로부터 외면 받고 있다

보여주지 못하면 외면 받는다

보는 시대다. 김도인 목사는 《설교는 글쓰기다 3》에서 지금은 이마골로기, 즉 이미지가 이데올로기가 되는 시대라 한다. 현대사회는 이미지에 지배당하고 있다. 이미지와 현대사회가 한 묶음이 되었다. 디지털, 인공지능 시대에 들어서며 글자보다 그림과 사진, 영상을 위시한 이미지가 부각되었다.

여전히 많은 설교자들은 단순하게도 설명 가득한 설교에만 집착한다. 청중에게 전해야 할 것은 설명으로만 되지 않는다. 묘사, 은유, 비유 등 무궁무진하다. 청중은 이 험난한 세상을 살아가기 위해 치열한 전투를 치른다. 세상의 치열한 전투를 하나님의 힘으로 이기기 위해 예배드리기 위해 교회로 찾아온다. 그런 그들에게 예수를 제대로 보여줘야 하는데, 설교자들의 생각은 그렇지 않다.

보여주기보다는 지루하게 교리와 신학을 설명한다. 이들은 설득과 보여주는 설교가 훨씬 힘이 있음을 모른다. 《은유란 무엇인가》에서 김용규 교수는 러시아정교를 언급한다. 하버드 대학의 신학자 하비 콕스가 러시아정교 사제에게 러시아정교에 교리적 가르침이 많지 않음에 질문을 던졌다. 사제의 답은 간단했다. "성화상이 우리가 알아야 할 모든 것을 가르쳐줍니다." 이미지는 우리의 삶과 사회에 이토록 오랫동안 광범위하게 영향을 미쳐왔다. 사제는 그것을 알고 있었다. 이미지는 이리 힘이 세다.

아인슈타인 박사 역시 이미지의 힘을 이용했다. 노규식의 《현대인들은 어떻게 공부해야 하는가》에서 그는 사고 자체를 숫자와 문자가 아닌 이미지로 형상화 시키고 상상하는 연상법을 활용한다. 노규식은 말하길 아인슈타인은 "책의 글자나 다른 사람의 말을 언어 그 자체로 생각하지 않는다. 그것들을 살아 숨 쉬는 영상으로 바꾸어 이해한다. 그리고 나중에 그것을 다시 언어적으로 풀어냈다." 세계적인 천재에게 더 놀랄만한 이미지의 활용이 있었다.

성경은 원래 이미지를 잘 보여주는 책이다. 그 책을 보여줘야 할 설교자는 오히려 설명으로 풀어낸다. 그러니 청중이 보지 못하고 지루해 한다. 지루하면 보기 싫다. 보기 싫으면 결국에 외면한다.

청중과 함께 하지 못하는 설교는 외면 받는다

보여주지 못해도 외면받지만 현실적으로 설교가 외면 받는 것은 청중과 함께 하지 못한 데 있다. 현대를 살아가는 대부분의 설교는 현실을 살아가는 청중의 삶을 반영하지 못한다. 청중과 함께 하는 설교가 아니다.

빌비숍의《관계우선 법칙》에서 말하듯, 생산품만 좋으면 장사가 잘되던 시대는 마무리되었다. 21세기는 물건을 구입할 고객을 이해하고 우선으로 생각해야 한다. 고객과의 관계 우선의 법칙이 필요한 시대가 되었다. 이 시대의 미디어 생산라인은 21세기를 표방한다.

설교자들의 말씀 생산 라인은 19세기에 머물고 있다. 설교언어가 추상적이고 형이상학적 언어이다. 교회공동체에 오랜 기간 속한 사람들만이 알아들을 수 있다. 그 속의 세계는 이스라엘 로마 유대교 그리스도교 신학만 있다. 지금 우리의 삶과는 동떨어져 있다. 나의 삶을 변화시켜 달라고 찾아오는 교인들의 삶에는 관심도 없다.

설교는 청중과 함께 해야 한다. 수영로교회 이규현 목사는《설교를 말하다》에서 청중의 상황을 이렇게 말한다. 오늘날 청중은 저마다 이혼, 별고, 독신, 구직이라는 다채로운 상황을 맞닥뜨리며 산다. 그렇기에 설교자가 그 삶에 찾아가야 하고 마주 봐야 하고 그들의 이야기를 들을 수 있어야 한다. 어떻게 그 삶을 하나님의 말씀에 꿰어 보배를 만들 것인지 고민해야 한다고 주장한다.

이미지에 익숙해져 있는 현시대의 청중에게 이미지가 실종되고 청중을 생각하지 않아 들리지 않는 설교는 외면 받는다. 아니, 정확하게 말하자면 청중들은 설교자로부터 자신들의 필요를 채우지 못하고 있다.

청중과 함께 해야 할 설교자가 청중을 먼저 외면한 것이다.《목사님 설교 최고에요》라는 책에서는 미국의 탁월한 설교자 존 오트버그의 말을 인용한다. "말씀에 중심을 둔 설교의 목적은 청중을 변화시키는데 있다." 청중을 변화시키려면 하루 빨리 우리가 외면한 청중을 돌아보려는 움직임이 필요하다.

청중을 돌아보기 위해 어찌해야 할까? 당연히 청중을 찾아가야 한다. 청중을 제일 잘 아는 방법이 심방이 아니던가? 고린도 전서에는 바울의 청중을 향한 처절한 노력의 흔적이 보인다.

"나는 어느 누구의 요구나 기대에 매이지 않는 자유인이지만 다양한 부류의 사람들에게 다가가려고 자발적으로 모든 사람-노예, 자유인들, 매우 신중한 도덕가들, 자유분방하게 사는 부도덕한 자들, 실패한 자들, 타락한 자들-의 종이 되었습니다. 나는 그들의 생활방식을 받아들이지 않았습니다. 나는 그리스도 안에 내 뜻을 두었지만 그들의 세계로 들어가서 그들의 관점으로 경험하고자 했습니다. 나는 모든 모양의 종이 되어 만나는 사람들을 하나님께 구원받은 삶으로 인도하고자 애썼습니다. 내가 이 모든 일을 한 것은 메시지 때문이었습니다. 나는 메시지를 두고 이러쿵저러쿵 논하기보다 다만 메시지에 참여하고 싶었을 따름입니다!"(고린도전서9:19-23 참고)

바울이 청중을 변화시킨 힘은 그들에게 찾아간 삶에 있다. 설교자도 청중과 함께 하기 위해 심방을 해야 한다. 청중의 삶을 알아야 그들의 삶을 위한 말씀을 고민하므로 여러 가지 방법으로 찾아가야 한다. 당연하게도 설교 중 자신의 삶과 연결된 이야기가 들리면 청중이 자신을 알아준다는 확신을 받는다. 자신의 삶을 알아준다는 것을 알게 되면 마음이 열린다. 그런 설교자의 설교가 들린다.

예수 그리스도에 집중하지 못하면 외면 받는다

청중이 외면하는 큰 이유는 예수 그리스도를 만나지 못하기에 그렇다. 설교자는 청중이 듣고 싶은 예수 그리스도에게 집중하도록 해야 한다.

청중이 외면하는 설교를 뜯어보자. 청중에게 집중하지 못하는 내용 이상으로 하나님께 집중 못 하고 있다. 성경에 대해 고민하지 않는다. 묵상하지도 연구하지도 않고, 자기 생각대로만 전하는 순간, 그날의 설교는 청중에게 외면당한다. 물론 하나님께도 외면당한다.

하나님께 집중했던 한 분이 있다. 예수님이다. 이스라엘이 바리새인과 서기관들의 외식에 피폐해져 갈 때 하늘에 계시던 그분이 내려왔다. 그분은 제자들과 3년을 뒹굴며 그들과 함께 먹고, 자며 살았다. 죽기까지 하나님께 복종하며 십자가를 지신 분의 말씀은 경이로웠다. 예수님은 하나님이시면서 하나님을 생각했다. 그 예수의 말씀에 사람들은 주목한다.

설교자는 먼저 하나님께 집중하는 사람이다. 그리고 청중이 예수 그리스도에게 집중하게 만들어야 한다. 이런 메시지에 청중이 주목한다.

설교자가 청중이 예수 그리스도에게 집중토록 하는 것은 성령의 인도하심을 받았음을 알 수 있다. 성령의 인도하심을 받은 설교자의 설교는 청중에게 큰 힘으로 다가간다. 삼국지의 유비는 제갈공명을 군사로 모시기 위해 그 유명한 삼고초려를 감행했다. 설교자는 살아계신 하나님을 삼고초려 해야 한다. 그런 마음으로 설교할 때 청중을 예수 그리스도에게 집중하게 할 수 있다. 만약 청중이 예수 그리스도에게 집중하지 못하면 청중으로부터 그 설교는 외면 받는다.

이지철 목사

구미 사랑의교회 청년부 담당하고 있다.
칼빈 신학대학원 목회석사학 과정(M.DIV),
총회 신학원 신학과 수료했다.

02

세상으로부터 외면받고 있다

외면, 양처럼 겸손하지 못하다

인공지능 시대에 설교자가 청중으로부터 외면받고 있다. 세상으로부터 외면받고 있다. 외면받는 이유는 간단하다. 기대를 충족시키지 못했기 때문이다.

세상이 기대하는 설교자가 있다. 양처럼 겸손한 설교자다. 세상에서는 저마다 자기가 높아지고 자기만 나타내려 한다. 이때 설교자만큼은 세상과 다르게 겸손하기를 바랐다. 자신들은 그런 삶을 살고 있지 못하기에 설교자에게 희망을 걸었다. 그러나 설교자가 기대에 부응하지 못했다. 작금의 많은 설교자들이 사라짐이 아니라 나타남을 택했다. 하나님이 드러나는 겸손이 아니라 자신이 나타나는 교만을 택했다. 이것이 세상이 설교자를 외면한 첫 번째 이유다.

설교자가 겸손하다는 것은 어떤 의미일까? 존 오토버그는 《선택 훈련》에서 설교자의 자세에 대해서 묘사한 적이 있다. 겸손하게 세상 속으로 들어가는 의미에 대하여 이렇게 말했다.

질문 : 양이 이리 가운데로 어떻게 들어갈까?

답 : 매우 조심스럽게. 매우 겸손하게

양은 이리 사이로 돌아다니며 "이봐, 이리들, 네 놈들을 바로잡으려고 내가 왔다!"라고 말하지 않는다. 이 임무는 그리 매력적으로 보이지 않는다. 하지만 가만히 생각해 보면 … 양으로 부름을 받았다는 것은 내 지능이나 힘, 매력을 의지하지 않는다는 뜻이다.

설교자는 세상 가운데 매우 조심스럽게, 매우 겸손하게 들어가야 한다. 내 지능이나 힘, 매력을 의지하지 않고 하나님의 은혜를 의지해야 한다.

예수님을 보자. 예수님은 요란하게 이 땅에 오지 않으셨다. 그저 겸손하게 마구간에서 탄생하셨다. 목수의 아들, 그리 매력적이지 않은 모습으로 이 땅을 사셨다. 마지막엔 세상을 뒤엎을 만한 충분한 힘이 있었음에도 십자가 앞에 모든 것을 내려놓으셨다.

많은 설교자들이 예수님과 반대의 삶을 산다. 겸손 대신 교만을 선택하며 산다. 교육 전도사 시절, 한 분의 설교를 기억한다. 그분은 설교 도중 분명히 이런 말을 했다. "목회자는 최고로 존중을 받아야 합니다. 그래서 차를 타더라도 최고급 차를 타야 합니다. 목회자는 소형차와 같은 차를 타면 안 됩니다. 목회자가 다치면 교회의 손해입니다. 하나님의 사자가 다치면 그건 교회의 슬픔입니다."

이 설교에서 어느 부분이 예수님처럼 겸손한 부분인가?

어느 부분이 자신의 삶을 내려놓은 부분인가?

설교자에게 겸손은 조용히 사라짐이다. 설교자는 그 설교에서도 사라져야 한다. 《목적이 이끄는 삶》에서 릭 워렌은 겸손을 이렇게 말한다. "겸손이란 자신을 낮게 여기는 것이 아니라 자신을 덜 생각하는 것이다." 그가 말하는 겸손은 자신을 덜 생각하는 것이란다. 설교자는 설교할 때마다 나의 목소리와 나의 모습을 줄여야 한다. 많은 설교자들은 '내'가 살아있다. 요즘 식으로 말해보자면 이렇다. '하나님이 하셨다고 쓰고 내가 했다고 읽는다.' 설교의 제목은 하나님이라고 썼지만 결국 설교의 내용은 자기 자신이다.

세상은 양 같은 설교자를 환영한다. 자신의 재능이나 매력을 의지하지 않는 설교자를 원한다. 즉 겸손함을 선택한 설교자를 원한다. 설교자는 드러냄이 아니라 흔적 없이 사라짐을 택해야 한다. 내가 사라지고 오직 예수 그리스도만 나타나는 설교자, 세상은 언제나 그런 설교자를 대환영한다.

외면, 뱀처럼 지혜롭지 못하다

'무지하면 외면받는다.' 여기에서 말하는 무지는 '무지'(無知)가 아니라 '무지'(無智)다. 지혜나 꾀가 없음, 어제의 지식으로 오늘을 사는 사람이 바로 무지한 사람이다. 설교자가 세상에서 외면받지 않으려면 무지한 설교자가 되지 않아야 한다.

일반적으로 지식에도 유효기간이 있다고 한다. 한근태 작가는 《일생에 한 번은 고수를 만나라》에서 그 기한을 이렇게 규정한다. "지식의 유효기간은 기껏해야 3년이다. 미래지식의 노동자는 3년을 주기로 새로운 것에 도전해야 한다." 도전하지 않으면 무지하게 되고, 무지하면 외면받는다. 그러나 많은 설교자가 새로운 것에 도전하지 않는다.

오늘도 세상의 많은 사람들이 배움에 열을 올리고 있다. 이 글을 쓰는 시간은 토요일 오전 7시 30분. '★다방'이다. 필자의 앞에는 여성으로만 구성된 8~10명의 무리가 있다. 평균 연령층이 그리 젊어 보이지는 않는다. 그러나 이 무리들은 매주 토요일 오전 시간, ★다방의 가장 큰 테이블을 독식한다. 자유로운 토론의 장이 펼쳐진다.

매주, 정말 매주! 이 장면을 보면서 드는 생각은 두 가지다. '나 역시 분발해야겠다' 그리고 '이 시간 다른 설교자들은 어디에 있을까?'

물론 지혜와 지식은 동의어가 아니다. 지혜가 훨씬 더 고차원적인 의미다. 그러나 확실한 것은 지식은 지혜의 입구다. 지식의 입구에서 서성이지 않는데 갑자기 지혜로 들어갈 수는 없다. 문제는 많은 설교자들이 지식의 입구에서 서성이지 않는다는 것이다. 예수님은 설교자들에게 지식을 넘어 지혜로울 것을 말씀하셨다. 특별히 '뱀처럼 지혜로울 것'(마 10:16)을 말씀하셨다.

사실 뱀은 그리 반가운 동물은 아니다. 징그럽다. 특히 기독교인들에게 뱀은 거의 원수다. 그럼에도 예수님은 왜 굳이 지혜로움을 이야기하면서 뱀을 이야기하셨을까? 뱀은 교활하다. 교활하기 위해서는 고차원적이어야 한다. 무식하거나 무지하면 교활할 수 없다. 한국 양서·파충류 생태 연구소장인 심재한 박사는 말한다. "동양에서는 옛날부터 뱀이 교활하며 동시에 영리한 지혜를 가진 영물로 생각돼 왔다" 뱀이 고대에서 치료의 상징이며 지혜의 상징으로 쓰인 이유다.

설교자는 뱀으로부터 지혜를 배울 필요가 있다. 특히 코로나 시절, 설교자는 더 뱀같이 지혜로울 필요가 있었다. 교회의 본질이 예배이고 모임이라는 사실을 기억한다면, 모이기 위해서는 뱀 같은 지혜가 필요했다. 그러나 일부 설교자들은 지혜로움이 아니라 무지함을 택했다.

일부 설교자들은 너무 무지했다. '코로나는 하나님의 저주다', '세상이 죄를 지어서 코로나가 우리에게 왔다.' 모 교회 목사는 '중국의 시진핑이 기독교를 핍박하니 하나님께서 괘씸하게 여겨서 전염병을 준 것이다 … 그러니 교인들은 두려워할 필요가 없다' 혹은 '총리의 이름이 세균이라 한국 사회도 코로나19라는 세균이 들어왔다'라는 발언들을 거침없이 쏟아냈다.

덕분에 우리는 코로나 기간 많은 교인을 잃었다. 교회의 신뢰도 잃었다. 결국 세상으로부터 외면받았다. 조금만 더 지혜로운 설교를 했으면 어땠을까? 조금만 더 지혜롭게 위로와 평안을 설교했다면 어땠을까?

설교자는 뱀처럼 지혜로워야 한다. 맞는 말이라고 하더라도, 그것을 상황과 환경에 맞게 잘 풀어서 설명할 줄 알아야 한다. 때에 맞지 않는 말은 외면받는다. 그것이 설교라도 때에 맞지 않으면 외면받는다. 그래서 설교자의 설교에는 지혜가 녹아 있어야 한다.

외면, 비둘기처럼 순결하지 못하다

설교자와 가장 잘 어울리는 새가 있다. 비둘기다. 비둘기는 순결함의 상징이고, 평화의 상징이다. 설교자는 육체적으로는 순결해야 하고, 행위적으로는 정의와 공의를 행함으로 평화를 추구해야 한다. 그러나 우리의 설교는 어땠을까?

일부 설교자들은 둘 다 버렸다. 순결함도 버렸고, 정의와 공의도 버렸다. 아이러니하게도 타락의 상황에서도 참 당당했다. 여성 청년 사역자·교인 성추행 의혹을 받고 있는 전** 목사는 지금도 여전히 회자되는 유명한 설교자이다. 그는 한때 자신의 잘못을 뉘우치는 듯하다가 진로를 바꿨다. 그리고 한 설교에서 이렇게 말했다. "털어서 먼지 안 나는 사람이 있습니까? 없지요. 누구든지 털면 먼지 납니다." 더욱이 전목사는 "청년들을 가난하게 하면 애를 많이 낳는다."라는 비상식적인 설교를 했다. 가장 순결해야 할 설교자가 스스로를 두둔하고, 무지한 발언을 거침없이 쏟아냈다. 이런 설교, 세상이 어떻게 이해했을까?

일부 설교자들은 세습 혹은 세습을 두둔하는 설교로 교회 내의 평화를 어지럽혔다. 최근 한국교회가 가장 세간의 입방아에 오른 것은 '세습'이었다. 심지어 '나무 위키'라는 백과사전에서도 이 사건이 등재되어 있다. '**교회 세습 논란'이란 타이틀의 글에는 가장 먼저 '**교회 부자 세습, 왕의 귀환'이라는 유튜브 영상이 올라와 있다. 한 일반인 블로거는 '삼성전자 이**은 증여세라도 조금 내는데, **교회 부자는 증여세도 안 내고 세습. 김**, 김**, 김일성, 김정일, 김정은처럼 세습'이라는 글을 썼다. 물론 시골교회 같은 특수한 상황의 세습은 이해할 수 있다. 사실 이런 경우는 세습이라고 표현하기도 그렇다. 그러나 서울 대도심에서의 세습을 두고 과연 세상 사람들은 어떻게 생각할까? 여전히 싸우며 몸살을 앓고 있는 우리를 보며, 설교자가 정의롭고 평화롭다고 생각할 사람이 누가 있을까?

왜 설교자는 비둘기 같은 순결함을 잃었을까? 왜 세상은 설교자를 평화의 상징으로 보지 않을까? <뉴스앤조이>(2017.3.6.)가 그 이유에 대해서 4가지로 대답한 적이 있다.

첫째, 권력에 대한 숭배와 타협이다.
둘째, 대를 위해 소를 희생하는 번영주의다.
셋째, 교회 내 팽배한 전근대성과 반지성주의다.
넷째, 정의가 신앙의 본질과 상관없다는 생각이다.

이 모든 것들이 설교자에게 순결을 빼앗아 갔다. 설교자에게 평화를 빼앗아 갔다. 그렇게 많은 설교자들이 오늘도 비둘기 같은 순결함을 잃어버리고 있는 중이다.

잃어버리면 잊히기 마련이다. 오늘 설교자인 당신이 잃어버린 것은 무엇인가? 양 같은 겸손함인가? 뱀 같은 지혜로움인가? 아니면 비둘기 같은 순결함인가? 예수님의 가르침을 기억하자. "후에는 아무 쓸 데 없어 다만 밖에 버려져 사람에게 밟힐 뿐이니라."(마 5:13)

존재의 목적을 잃어버린 설교자의 말로는 분명하다. 세상으로부터의 외면이다. 설교자는 다시 한번 자신이 무엇을 잃어버렸는지를 생각해 볼 필요가 있다. 기억하자. 잃어버리면 잊힌다!

들리지 않는 설교도 세상으로부터 쉽게 잊히게 한다. 기억하자. 들리지 않으면 세상이 교회 존재 자체, 설교 자체를 잊는다!

김정준 목사

'다음세대에게는 다음이 없다'라는 마음으로 20년째 다음세대 사역을 하고 있다. 영남신학대학교 신학과와 동 대학원, 전남대 사학과에서 서양사로 석사 학위, 한남대 대학원 기독교학과에서 교회사로 박사 수료 중이다.
저서로는 《다음 없는 다음세대에 다가가기》(글과 길), 《한 권으로 끝내는 교사 교육_이론편》(글과길), 《한 권으로 끝내는 교사 교육_실전편》(글과길)이 있고, <크리스천투데이>에 '다음 세대 다시 보기'를 연재 중이다.

03

설교가 쇼핑 대상으로 전락했다

코로나 19이후 바뀐 교회의 생태계

세상은 이제 코로나 19이전과 이후로 나뉘어졌다. 코로나 19이후 세상은 완전 바뀌었다. 교회도 바뀌었다. 아트설교연구원 대표인 김도인 목사는 다음과 같이 말한다. "코로나19 이후, 교회가 바뀌었다. 특히 예배에 대한 개념이 바뀌었다. 오프라인 예배만이 예배가 아니다. 물론 예외적 상황이지만, 온라인 예배도 예배로 인정됐다. 목회에 대한 개념도 바뀌었다. 목회 중심에서 설교 중심으로 바뀌었다. 즉 몸으로 하는 목회에서 머리로 하는 목회로 바뀌었다. 가장 크게 바뀐 것이 두 가지다. 하나는 교회에 '등록된 교인 수'가 아니라 '설교 조회 수'로 바뀌었다. 또 다른 하나는 건물이라는 공간 중심이 아니라 연결이라는 소통 중심으로 바뀌었다. 전에는 교회는 등록 교인 수, 출석 교인 수가 하나의 지표였다. 이젠 담임목사의 유튜브 조회 수로 바뀌었다."

코로나 19 이전에는 온라인 예배가 보편화 되지 않았다. 오프라인 예배만을 예배로 인정하는 모습이 많았다. 온라인 예배를 죄악시하기도 했다. 하지만 코로나 19가 발생하고 지속되면서 변했다. 모일 수 없으니 온라인 예배를 드릴 수밖에 없었다.

뉴스엔조이 최승현 기자는 이렇게 썼다. "온라인 예배를 고려해본 적 없던 시골 교회마저 영상 콘텐츠를 제작하고, 비대면으로 예배를 여는 등 신앙생활 형태를 크게 바꿔 놓았다. 그 가운데서도 특히 접근성 측면에서 편리한 '유튜브'가 가장 대중적인 예배 참여 수단으로 자리 잡았다. 웬만한 교회는 자체 채널을 만들어 설교·찬양 등을 송출하며 교인과 소통하고 있다."

미래학자인 최윤식 목사는 《빅체인지 한국교회》에서 코로나 19로 빅 체인지 시대가 됐다고 말한다. 코로나 19종식이 선포됐지만 세상은 코로나 19이전으로 돌아갈 수 없다. 교회도 마찬가지다. 그렇다면 시대에 맞게끔 교회도 변해야 한다.

설교도 쇼핑하는 시대가 됐다

예전 청중은 한 교회만 섬기고 담임목사의 설교로만 만족해야 했다. 다른 목사의 설교를 듣는 기회는 부흥회나 헌신예배 정도였다. 이웃교회에서 부흥회를 하면 참석했다. 열심 있는 청중은 기도원에 가서 설교를 들었다. 이후 기독교방송이 생기면서 설교 듣기가 쉬어졌다. 코로나 19이후 온라인 예배가 보편화 되면서 다른 설교자들의 설교를 접하는 게 일상화됐다. 골라 들을 수 있게 됐다. 소위 설교 쇼핑시대가 열렸다.

부산 수영로 교회 이규현 목사는 《설교를 말하다》에서 이렇게 이야기한다. "인터넷과 유튜브 시대가 열리면서 설교를 들을 수 있는 방법이 다양해지고 그 수도 늘어났습니다. 그만큼 여러 설교를 비교, 평가하면서 자신에게 맞는 것을 고를 수 있는 환경이 된 겁니다. 이제는 선택의 폭이 어마어마하게 넓어져 TV 리모컨 하나로 채널 수백 개를 컨트롤 할 수 있게 되었습니다. 청중이 시청자가 되어서 실시간으로 설교를 평가해 마음에 안 들면 다른 채널로 옮겨 가는 상황에까지 이르게 된 겁니다."

일반적으로 현대사회를 소비사회로 현대인을 '소비인간(Homo Consumus)'으로 정의한다. 현대인들은 삶의 많은 부분을 쇼핑, 외식, 여행, 영화를 보는 등 소비 활동을 한다. 소비 활동 중에서 가장 많은 부분을 차지하는 것이 쇼핑이다. 파코 어더힐은 《쇼핑의 과학》에서 "이제는 쇼핑을 회피하는 것이 오히려 힘들다."고 말한다. 그 이유를 이렇게 밝히고 있다. "매장이나 박물관, 테마 레스토랑을 찾지 않는다고 해도 일주일 내내 24시간 계속되는 인터넷 쇼핑이나 TV에서 방영되는 홈쇼핑마저 피할 수는 없기 때문이다."

청중도 소비사회에서 쇼핑하며 살아간다. 쇼핑대상에 이제 설교도 포함이 됐다. 언제든지 듣고 싶은 설교를 들을 수 있게 됐다. 이것을 막을 수 있는 길은 없다.

설교쇼핑이 설교쇼핑 환자를 만들었다

어떤 목사는 설교 쇼핑하는 청중을 '설교쇼핑 환자'라고 부른다. "설교쇼핑 환자들 그들은, 자신의 처지, 자신의 바람, 자신의 판단, 자신의 가치관, 자신의 생각, 자신의 섣부른 성경지식 혹은 교리 … 등으로 무장하고 자기 맞춤형 설교를 들으러 교회를 찾는다."

예수가족교회 백금산 목사도 설교쇼핑을 염려했다. "이제 교인들은 인터넷으로 수많은 교회 목회자의 설교를 쇼핑하듯 들을 수 있다. 더 좋은 설교를 듣는 장점도 있지만 교회 공동체의 본질을 잊고 지극히 개인적인 신앙을 가지게 할 위험이 있다. 성경은 교회가 몸과 같은 공동체라고 했다. 우리는 교회에 속해야 하고 인터넷 설교 시청도 소속 교회 목사의 지도를 받을 필요가 있다."

쇼핑의 목적은 자기만족에 있다. 청중도 자기만족을 위해 설교 쇼핑을 한다. 담임목사의 설교가 들리지 않으니 쇼핑을 해서라도 영적 만족을 채우려 한다.

위의 두 목사의 말은 어느 정도 일맥상통한다. 하지만 설교쇼핑을 부정적으로만 바라봐서는 안 된다. 설교 쇼핑하는 청중을 환자로 취급해서는 안 된다. 한국기독교사회문제연구원 김상덕 연구실장은 〈뉴스앤조이〉와의 통화에서 이렇게 말했다. "TV 프로그램 고르듯이 좋아하는 목회자 말씀을 듣겠다는 것 자체를 나쁘게 평가할 수는 없다. 그런 현상은 과거부터 있었다. 중요한 것은 온라인 예배를 수용하는 태도와 온라인 예배를 통해 어떤 콘텐츠를 전달하느냐다. 앞으로의 미디어는 일반 대중과 시민에게 힘이 되고 지혜가 되는 역할을 감당해야 한다. 그러려면 당연히 말과 삶이 일치하는 목회자여야 대중의 호응을 받게 될 것이다."

설교쇼핑을 하는 교인은 열심 있는 교인이다. 게으른 교인은 한번 설교 듣는 것도 버거워한다. 귀찮아한다. 설교쇼핑을 열심 있는 교인의 탓으로 돌릴 문제가 아니다. 그러나 설교쇼핑은 설교쇼핑 환자를 양산했다.

설교쇼핑의 책임은 설교자에게 있다

설교쇼핑의 진짜 책임은 매스미디어와 교인에게 있지 않다. 담임목사에게 있다. 담임목사의 설교가 만족을 주지 못하기 때문이다. 집밥이 맛있는 사람은 외식을 잘 하지 않는다. 담임목사가 말씀을 맛나게 요리해주면 청중이 외식 할 이유가 없다.

목회데이터 연구소는 '개신교인은 무엇을 통해 신앙 성장에 도움을 받을까?'라는 질문을 했다. 가장 많은 응답은 28%로 '출석교회 예배/목사님 설교'이고 다음으로 '가족' 20%, '미디어' 19% 순이었다. '출석교회 예배와 목사님 설교'는 계속해서 감소하는 추세를 보였다. 반면, '미디어'와 '가족'을 꼽은 비율은 지속적인 증가세를 보였다. 특히, '미디어'가 도움이 되었다고 응답한 비율은 2017년 7%에서 2023년 19%로 3배 가까이 급증했다.

설문조사 결과가 보여주는 것이 무엇인가? 담임목사의 설교 영향력이 급격히 감소하고 있다는 것이다. 이는 설교의 영양가가 떨어졌다는 의미다. 설교가 들리지 않는다는 것이다. 고든콘웰 신학교 데이비드 고든은《우리 목사님은 왜 설교를 못할까》에서 다음과 같이 말한다. "오늘날의 설교는 수준 이하다. 이 답답한 사실을 증명하고 싶지 않지만 제대로 된 설교를 꾸준히 섭취하지 못하는 사람들이 아주 많다. 먹을 것을 찾아 매립지를 헤집는 마닐라의 굶주린 아이들처럼 오늘날 여러 교회의 그리스인들은 영혼을 살찌우는 설교를 듣지 못하고 여기저기 널린 아무 설교나 듣고 영혼을 채우고 도움을 받는다." 배고픈 청중은 설교쇼핑을 할 수밖에 없다. 미디어의 도움이 급증했다는 것은 다른 것이 아니다. 청중이 설교쇼핑을 통해 주린 배를 채우고 있다는 것이다.

크리스챤투데이 T.V에서 크리스챤 투데이 송경호 부국장이 한 말이다. "익명을 요구한 한 교인은 '어차피 온라인 예배이니, 평소 듣고 싶었지만 거리상 들을 수 없었던 목사님의 설교를 듣고 있다.'며 '꼭 출석 교회 목사님의 설교를 듣는 것보다는 더 은혜를 받을 수 있는 설교를 듣는 편이 낫지 않느냐'고 조심스럽게 말했습니다."

이런 예들은 수없이 많다. 많은 청중이 담임목사의 설교에 은혜 받지 못해 설교쇼핑을 하고 있다. 한국교회 설교자의 설교는 심각한 위기를 맞이하고 있다. 안타까운 것은 설교자들이 이런 심각성을 모르고 있다는 데 있다. 설교자 자신은 설교를 잘하고 있다고 착각하고 있다.

앞서 이야기한 고든 교수는 계속해서 이렇게 말한다. "오늘날 목사들은 회중의 반응에 무감각하다. 나는 이례적으로 엉성한 설교를 듣는 날이면 고개를 돌려 사람들의 반응을 살핀다. 목사님을 쳐다보고 있는 사람은 거의 없다. 교인 전체가 설교를 듣지 않는데도 목사님은 그 사실을 모르고 있는 듯했다."

30년 동안 설교를 걱정했던 데이비드 고든 교수는 '설교가 수준 이하'라고 단정 짓는다. 회중의 반응에 무감각한 설교자들을 지적

한다. 이것이 미국 설교자들만의 문제겠는가? 한국교회 설교자들도 마찬가지다. 설교자들은 정신 똑바로 차려야 한다. 나는 예외 일 것이라는 생각을 버려야 한다. 예전과 달리 청중의 지적 수준이 높아졌다. 듣는 귀가 높아졌다. 설교자들은 설교의 현주소를 바로 인식해야 한다. 설교 수준을 높여야 한다. 들리는 설교를 해야 한다. 설교의 수준이 올라가면 청중은 설교쇼핑을 멈춘다. 설교가 들리면 청중은 설교쇼핑을 멈춘다.

예전에 필자가 교회 부임해서 몇 달이 지난 후 집사님이 한 말이다. "목사님 이제 저는 기독교 방송의 설교를 더 이상 듣지 않습니다. 목사님의 설교로 충분합니다." 개교회 설교자들의 설교가 들리지 않으면 설교쇼핑은 더 심해질 것이다. 교회에서 설교를 듣는 척만 하고 설교쇼핑을 통해 부족함을 채울 것이다. 하지만 설교가 청중의 귀에 쏙쏙 들리면 청중은 설교쇼핑을 멈추게 될 것이다.

이재영 목사

아트설교연구원 부대표이다.
저서로는 《신앙은 역설이다》,
《말씀이 새로운 시작을 만듭니다》,
《감사인생》 등이 있다.

04

설교자가 존중받지 못한다

설교가 들려야 존중받는다

설교자의 사명은 하나님의 말씀을 청중에게 바르게 전하는 것이다. 설교자가 하나님의 말씀을 바르게 전할 때 청중에게 존중받을 수 있다. 그러나 현실은 설교자가 존중받지 못하고 있다. 설교자가 존중받지 못하는 이유는 말씀을 청중에게 바르게 전하지 못하기 때문이다.

바르게 전하는 것은 성경 해석을 이야기하는 것이 아니다. 아무리 성경 해석을 잘했다고 해도 청중에게 들리지 않으면 바르게 전한 것이 아니다. 바르게 전한다는 말은 제대로 준비된 설교를 청중에게 들리게 하는 것이다.

한국목회자 고민 상담실 소장 박현식 목사는 요즘 가장 많이 듣는 하소연이 "소장님! 설교가 들리지 않아요. 설교가 전혀 은혜가 안 됩니다."라는 말이라고 한다. 들리지 않으니, 은혜도 안 되는 것이다. 설교자는 말씀을 바르게 전한 것으로 만족하지 말고 말씀이 청중에게 들리게 했는지 고민해야 한다.

예배 시간에 광고가 제일 잘 들리면 안 된다. 예배를 마치면 설교는 기억 못 하고 광고만 기억하는 청중이 많다. 심지어 광고에 줄을 그으면서 열심히 듣는 청중도 있다. 설교자는 광고하는 사람이 아니라 설교하는 사람이다. 청중이 광고가 아니라 설교를 듣게 해야 한다.

'구슬이 서 말이라도 꿰어야 보배다.'라는 말이 있다. 설교를 아무리 잘 준비해도 들려야 보배가 된다. 들리지 않으면 아무리 좋은 말이라도 소음에 불과하다. 하나님의 말씀도 청중에게 들리지 않으면 능력이 나타나지 않는다. 청중에게 들릴 때 청중의 삶은 변하게 되고 하나님의 능력이 나타나게 된다.

설교자의 능력은 하나님의 말씀에서 나온다. 들리는 설교를 할 때 그 능력이 청중에게 전달된다. 설교자라는 직분만으로도 존중받는 시대는 지났다. 존중받는 설교자가 되고 싶다면 들리는 설교를 해야 한다. 설교자는 하나님의 말씀을 청중에게 들리게 하는 것을 사명으로 삼아야 한다. 설교가 들릴 때 설교자가 청중에게 존중받기 때문이다.

들리는 설교는 하나님을 보여 준다

들린다는 것은 마음에 그림을 그리게 하는 것이다. 설교자는 말로 설교하지만, 잘 들리는 설교는 청중의 마음에 그림을 그려준다. TV가 없던 시대에는 라디오로 드라마를 들었다. 라디오 앞에 옹기종기 모여 앉아 드라마를 듣는다. 주인공 얼굴 한번 본 적 없지만, 마음속에 주인공의 얼굴이 그려진다. 듣는 것만으로 마음속에 그림이 그려졌다. 잘 들리는 설교도 청중의 마음에 하나님을 그려준다. 설교가 들릴 때 청중은 하나님을 보게 된다.

설교자는 들리는 설교를 통해 청중에게 하나님을 보여준다. 예수님은 말씀으로 하나님 나라를 설명하셨다. 예수님을 따르는 많은 사람은 예수님의 말씀을 들었지만, 천국을 볼 수 있었다. 예수님이 들리는 설교를 하셨기 때문이다. 하나님 나라를 보여주니 사람들이 예수님 주변을 떠나지 않았다. 사람들의 예수님 존중은 십자가에서 죽은 이후 더 높아졌다.

설교자도 설교를 통해 하나님 나라를 보여주는 사람이 되어야 한다. 성경에 기록된 활자가 아니라 설교를 통해 생생히 살아있는 말씀을 청중들 마음속에 심어주어야 한다.

'견물생심'이라는 말이 있다. 무엇을 보면 그것을 갖고 싶어 하는 욕심이 생긴다는 말이다. 설교자가 보여주는 것에 따라 교인들의 마음이 달라진다. 세상의 것만 잔뜩 보여주면 청중은 엉뚱한 욕심이 생긴다. 설교자가 하나님을 보여주면 청중은 하나님 나라에 거룩한 욕심을 가지게 된다.

청중은 읽는 것보다 보는 것에 익숙하다. 책 읽는 것보다 동영상 보는 것을 좋아한다. 생생하기 때문이다. 설교가 들릴 때 하나님의 말씀이 청중의 마음속에 생생해진다. 주일 설교 시간이 지루한 시간이 아니라 기대되는 시간이 된다.

설교자는 모델하우스 인생을 살아야 한다. 모델하우스의 핵심은 보여주는 것이다. 설교자가 어떤 것을 보여주느냐에 따라 청중은 자신의 인생을 미리 그려볼 수 있다. 설교자가 들리는 설교로 하나님을 보여줄 때 청중은 안심하고 신앙생활을 할 수 있다.

하나님께서 예수님을 통하여 우리에게 많은 것을 보여주셨다. 예수님처럼 보여주는 설교자가 되는 것이 존중받음의 지름길이다.

달라야 존중 받는다

청중은 다른 말씀을 듣고 싶어 한다. 늘 똑같은 설교에 청중은 지쳐

간다. 어디서 한 번 들어본 예화와 성경만 봐도 다 알 수 있는 교훈은 듣기 힘들다. 아무리 좋은 이야기라도 반복되면 듣기 힘들어진다. 결국 귀를 닫아 버린다.

들리는 설교는 독창적이다. 들리는 설교는 청중 중심의 설교이기 때문이다. 청중의 삶이 다르고 환경이 다르므로 늘 새로울 수밖에 없다. 들리는 설교는 설교자 중심의 설교가 아니라 청중 중심의 설교다. 설교자는 청중들에게 필요한 설교를 준비해야 한다. 청중에게 관심과 사랑을 가지고 겸손하게 하나님의 도움을 구해야 한다. 이런 설교가 청중의 동의와 공감을 얻을 수 있다.

설교 쇼핑 시대에 들리는 설교는 최고의 콘텐츠가 된다. 다른 곳에서는 들을 수 없는 설교가 있기 때문이다.

존중받는 설교자는 다름을 가지고 있는 설교자다. 다른 곳에서 들을 수 없는 설교를 하는 설교자가 존중받는다. 청중은 정보를 통한 선택의 시대를 살아간다. 자신이 원하는 것이라면 무엇이라도 자신의 스타일에 맞는 것을 선택할 수 있다. 이런 시대에 선택받는 설교자는 들리는 설교를 하는 설교자다.

들리는 설교를 통해 다른 설교자와 다르게 설교하는 설교자가 존중받는다. 들리는 설교를 통해 세상의 강연과 수준 차이가 나도록 설교하는 설교자가 존중받는다.

들리는 설교가 우선이다

설교에서 우선순위는 들리는 설교를 하는 것이다. 우선순위를 놓치면 다 놓친 것이다. 설교자는 우선순위를 잘 준비해야 한다. 직장에서 팀원들에게 업무 지시를 할 때도 우선순위를 명확하게 해야 한다. 우선순위에 따라서 전달 내용이 달라지기 때문이다. 명확하게 전달되지 않으면 업무를 제대로 실행할 수 없다. 설교자도 명확한 우선순위를 가지고 설교를 준비해야 한다.

이스라엘에 테크니온 공과대학이 있다. 노벨상 수상자를 많이 배출한 대학교다. 이 대학의 교수는 "이스라엘이 안식일을 지킨 것이 아니고 안식일이 이스라엘을 지켰다."라고 말한다. 이스라엘과 안식일 중 무엇이 우선인지를 말한다. 이스라엘이 있기에 안식일이 생긴 것이 아니라 안식일이 있어 이스라엘을 지켜주었다는 말이다. 우선순위가 중요하다는 것을 말해준다.

설교의 기능은 소통이다. 김도인 목사는 《설교는 글쓰기다》에서 "설교는 하나님과 청중 간의 소통이다."라고 말했다. 청중이 하나님과 소통하도록 설교하는 것이 설교자의 우선순위다. 하나님 말씀을 청중에게 들리게 한다는 의미다. 들리는 설교를 할 때 청중이 변화된다. 들리는 설교를 할 때 하나님의 능력이 나타난다. 청중이 변화되면 설교자는 자연스럽게 존중받게 된다.

존중받는 설교자는 설교자가 만드는 것이 아니라 청중이 만드는 것이다. 변화된 청중이 있는 교회의 설교자는 청중에게 존중받는 것으로 끝나지 않는다. 세상이 존중한다.

뉴스에서 가끔 불편한 기독교인을 볼 때가 있다. 범죄를 저지르고 갑질을 하는 기독교인이다. 이런 내용을 접할 때마다 어떤 설교를 들었을까 궁금해진다. 간디는 "예수님은 거룩하신 분이다. 존중한다. 그러나 예수쟁이들을 보면 교회가 싫어진다."라고 말했다. 변화되지 않는 청중은 결코 존중받는 설교자를 만들 수 없다.

존중받는 것이 먼저가 아니라 들리는 설교를 하는 것이 먼저다. 우선순위가 명확할 때 존중받을 수 있다. 존중받기 위해서 설교하는 설교자가 아니라 먼저 들리는 설교를 하는 설교자가 되어야 한다.

황상형 목사
대구동서연경교회 부목사이다.
영남신학대학교, 영남신학대학 신학대학원를 졸업했다.
공저로 《출근길 그 말씀》이 있다.

05

행복을 만들어야 할
설교가 불행을 창조한다

설교가 행복을 만든다

청중은 하나님의 말씀을 들을 때 행복해진다. 하나님의 말씀이 위로와 지혜를 주기 때문이다. 청중은 설교를 통해 소망을 얻고 살아갈 힘을 얻는다. 지앤컴리서치가 조사한 설문조사에 따르면 한국교회 성도 72.6%가 성경에서 삶의 답을 찾았다고 대답했다. 청중은 하나님 말씀에서 답을 찾았다.

하나님 말씀은 삶의 방향을 제시하고 일상의 어려운 문제를 이

겨낼 힘을 준다. 설교자가 하나님 말씀만 잘 전해도 청중을 행복하게 할 수 있다. 그러나 여전히 설교에서 행복을 경험하지 못하는 청중이 많다.

2017년 미국 갤럽의 설문조사 결과를 보면 미국 기독교인들이 교회에 출석하는 가장 큰 이유를 목사의 설교라고 답했다. 청중은 설교를 듣고 행복하기를 원한다. 기대하는 마음으로 예배에 참석했다. 하지만 설교가 도무지 귀에 들어오지 않는다. 들려지지 않는 설교는 결국 시간 낭비와 다름없다. 청중은 설교를 통해 행복을 느끼는 것이 아니라 불행을 느낀다. 설교를 통해 행복을 경험하지 못하는 청중은 교회를 떠나게 된다.

사람은 누구나 행복을 원한다. 그러나 행복이 어디 있는지 알지 못한다. 설교자는 행복이 하나님의 말씀에 있음을 알려줘야 한다. 예수님을 만난 사마리아 여인은 예수님의 말씀을 듣고 행복을 찾게 된다. 그리고 마을로 돌아가 사람들에게 예수님을 소개한다. 설교자는 행복을 찾아 방황하는 청중을 하나님의 말씀으로 인도해 행복한 사람이 되도록 해야 한다.

성장할 때 행복하다

청중이 행복해질 때는 믿음이 성장할 때다. 믿음이 성장해야 행복해진다. 매일 똑같은 자리에 있으면 행복하지 않다. 같은 문제라도 믿음이 자라면 감사의 고백을 하게 된다. 바울은 자신이 가지고 있는 육체의 가시를 감사했다. 우리는 육체의 가시가 있으면 불평한다. 차이는 믿음의 성장 여부에 있다. 믿음이 성장하면 육체의 가시도 감사한다. 믿음이 성장하면 환경과 상관없이 행복해한다.

서울대 김난도 교수가 쓴 《트렌드 로드》에 이런 글이 있다. "저는 제가 성장한다고 느낄 때 제일 행복합니다." 인간의 기쁨 중 가장 큰 즐거움은 성장할 때 온다.

행복은 매일 성장할 때 찾아온다. 어제의 나보다 더 성장할 때 우리는 즐거움을 느끼고 행복을 느낀다. 대부분 성장이 없을 때 재미를 느끼지 못한다. 공부가 성장이 없으니, 재미가 없다. 공부가 제일 재미있다고 말하는 사람은 매일 성장하고 있는 사람이다. 설교가 재미없다면 믿음의 성장이 없기 때문이다. 성장하는 설교자는 설교도 재미있게 준비한다. 재미있게 준비하다 보면 어느새 행복한 설교자가 되어 있다.

행복은 먼 곳에 있지 않다. 김형석 교수는 《100세 철학자의 행복론》에서 "행복이 먼 앞날에 있는 것은 아니다. 행복이 미래에만 있다면 인간은 행복해질 수가 없다. 행복이 머무는 곳은 언제나 현재뿐이다."라고 말한다.

오늘 성장하면 행복해진다. 설교의 성장이 있으면 설교자도 행복해진다. 덩달아 청중도 행복해진다. 설교로 믿음이 성장하면 행복하게 된다는 사실을 잊지 말자.

들려야 성장한다

믿음의 성장은 말씀이 들릴 때 일어난다. 믿음은 들음에서 난다고 했다(롬 10:17). 영혼에 말씀이 들어가면 살아나고 성장한다. 그래서 설교자는 들리는 설교를 해야 한다.

우리 아내는 죽은 화초도 살리는 능력이 있다. 다 죽어가는 화초도 아내에게 가져다주면 살려서 꽃을 피운다. 비결은 아주 간단하다. 물을 잘 주고 햇빛을 잘 보게 하면 된다. 생명에 필수인 영양분만 공급해도 살아나고 성장한다. 양질의 영양분이 공급되지 않으니 죽는 것이고, 공급되니 살아나는 것이다.

믿음의 성장도 똑같다. 말씀이 잘 공급될 때 성장한다. 말씀은 영혼의 비료다. 말씀의 공급이 없으면 영혼은 병들어 간다. 청중은 말씀의 공급을 받기 위해서 설교를 듣는다. 그러나 많은 청중이 말씀을 들어도 성장이 없다고 말한다. 정확히 말하면 들어도 성장이 없는 것이 아니다. 들리지 않기 때문에 성장이 없는 것이다.

듣고 있다고 다 들리는 것이 아니다. 평균 남성이 하루에 사용하는 단어는 7,000개다. 여성은 약 20,000개의 단어를 사용한다고 한다. 사람을 몇 명만 만나도 듣게 되는 단어의 숫자는 만개에서 십만 개가 될 것이다. 그 중 기억에 남는 단어는 몇 개나 될까? 주일에 설교를 들어도 기억에 남는 단어는 몇 개 되지 않을 것이다.

설교자는 하나님의 말씀을 청중에게 들리게 하는 사람이다. 말씀을 맡았다는 것은 혼자 보관하라는 뜻이 아니다. 청중에게 들려주라는 의미다. 설교가 들리지 않는 이유는 다양하다. 설교가 논리적이지 않거나, 공감이 없을 때 청중은 설교를 듣지 않는다. 그러나 많은 설교자가 들리는 설교를 위해 노력하지 않는다. 설교를 한 것으로 만족한다. 설교는 설교자만 만족해서는 안 된다. 설교자만 만족하는 설교는 청중을 불행하게 만든다. 행복한 설교는 하나님과 설교자와 청중이 모두 만족하는 설교다. 설교자는 설교가 청중에게 들리게 해야 한다. 설교가 들리면 청중의 믿음이 성장한다.

들리는 설교로 '게임 체인저'가 되라

'게임 체인저'는 게임의 승패를 바꿀 능력을 갖춘 사람이다. 애플은 아이폰으로 스마트폰 시장을 완전히 변화시켰다. 모바일 산업에 '게임 체인저'가 된 것이다. 지금은 마이크로소프트가 AI로 '게임 체인저'가 되려고 한다.

설교자는 들리는 설교로 '게임 체인저'가 되어야 한다. 많은 영혼이 행복을 찾아 방황하고 있다. 교회를 떠나 세상에서 행복을 찾고 있다. 설교자의 설교에 청중의 인생이 달려 있다는 사실을 알아야 한다. 영혼이 죽고 사는 일이 설교에서 결판난다. 청중은 설교에 자기 영혼을 맡긴다. 청중은 자신의 영혼이 살아날 때 행복을 느낀다. 설교자는 영혼을 살리기 위해 설교의 '게임 체인저'가 되어야 한다.

故 옥한흠 목사는 설교 준비에 많은 시간을 투자했다. 설교자가 설교에 절대적인 시간을 확보하지 않을 때 '값싼 복음, 값싼 십자가'를 만들어 낸다고 강조했다. 청년사역연구소 대표 이상갑 목사는 故 옥한흠 목사의 설교 철학을 '들리는 설교를 하라'라고 정리했다. 영혼을 살리는 것은 하나님의 말씀이다. 하나님의 말씀을 청중에게 들리게 설교할 때 영혼이 살아난다.

설교자는 청중을 불행에서 행복으로 바꾸는 '게임 체인저'가 되어야 한다. 변화는 그냥 일어나지 않는다. 들리는 설교를 하기 위해 노력해야 한다. 설교가 들릴 때 청중이 반응을 보인다.

설교자는 청중의 삶에 '게임 체인저'가 되어야 한다. 청중 불행의 '게임 체인저'가 되어야 한다. 내일의 희망이 없다고 탄식하는 청중의 삶에 예수님만으로 희망의 꽃을 피우는 '게임 체인저'가 되어주어야 한다.

김현수 목사

행복한나무교회 담임이다.
저서는 《메마른 가지에 꽃이 피듯》이 있다.

06

삶과 강단이 같아야 한다

신뢰를 잃어버린 설교자

설교자가 한국사회에서 신뢰를 잃어버렸다. 기독교윤리실천운동
은 2023년 2월에 '2023 한국교회의 사회적 신뢰도'에 대한 결과
를 발표했다. 그 중 '기독교 목사의 말과 행동에 믿음이 간다'는 항
목에 '긍정' 반응은 20.8%, '부정' 반응은 74.6%로 나타났다. 이는
2020년 같은 조사에서 '긍정'(30.0%), '부정'(68.0%) 반응보다 긍정
은 줄고 부정은 늘어난 수치다.

신뢰받는 설교자에겐 공통점이 있다. 그들은 말만 하는 사람이 아니라 말에 대해 책임지는 사람이다. 말 한대로 행동하는 사람이다. 국민들은 국회의원을 신뢰하지 않는다. 그들은 말만 국민을 위한다고 할 뿐 사리사욕만을 챙기는 것을 알기 때문이다. 설교자도 국회의원과 다른 것이 없다. 강단에서 거룩을 외치는 데 성범죄를 저지른다. 국민일보(2023. 2.25일자)에 10대 학생을 대상으로 그루밍 성폭력을 저지르고 면직된 A목사가 2021년 군소교단에서 목회를 재개했다는 기사가 실렸다. 설교자의 성폭력 사건은 끊임없이 일어나고 있다. 이런 문제가 설교자의 신뢰를 잃게 한다.

설교자가 강단에서 돈을 사랑하지 말라고 전하는데 돈에 대한 욕심을 버리지 않는다. 돈 문제로 온 나라를 시끄럽게 했던 사건이 있었다. 서울시 도시재정비위원회는 장위동 구역을 정비구역으로 지정했다. 문제는 구역 내에 있는 00교회가 보상금 명목으로 거액을 요구하고 버티는 일명 '알박기'에 들어갔다. 00교회 부지에 대한 서울시 토지수용위원회 감정가는 약 82억 원 수준이었다. 그러나 교회는 563억 원의 보상금을 요구한 상태다. 이 일에 설교자가 앞장서고 있다. 설교자가 신뢰 상실을 자초했다.

한국사회에서 설교자가 왜 신뢰를 잃었는가? 자문하고 이에 답해야 한다. 아무튼 한국사회에서 신뢰를 회복하는 방법은 하나다. 삶과 강단이 같아야 한다.

삶과 강단이 같아야 열매 맺는다

설교자의 삶과 강단이 같아야 열매를 맺을 수 있다. 설교자는 강단에서 씨앗을 뿌린다. 씨앗은 삶에서 열매로 나타나야 한다. 열매가 설교자의 삶과 강단이 같음을 보여주기 때문이다. 하지만 씨앗은 풍년인데 열매는 흉년이다.

씨앗의 소중함은 열매가 맺힐 때 알 수 있다. 열매가 씨앗의 가치를 높인다. 설교자의 삶은 강단의 가치를 높인다. 강단에서 외친 것이 삶에 그대로 나타나야 한다.

청중은 설교자의 삶을 통해 맺힌 열매를 먹는다. 설교자가 뿌린 씨앗을 청중은 밭에 심고, 지지대를 세우고, 열매를 거두기까지 기다리지 않는다. 오랜 시간을 기다릴 여유도, 열매를 맺을 확신도 없기 때문이다. 그래서 대부분 청중은 자신의 눈앞에 있는 열매를 먹고 싶어 한다. 그 열매는 설교자의 삶이다. 열매는 그냥 맺히는 것이 아니다. 강단과 삶이 하나가 될 때 비로소 맺힌다. 열매를 먹은 청중은 또 다시 찾아온다. 열매는 또 다른 열매를 맺는다.

설교자는 일주일에 설교를 3번 이상 한다. 새벽기도회까지 포함하면 10번이 넘는다. 설교 내용을 압축하면 '세상의 빛' '세상의 소금'이다. 빛은 어두운 세상을 대낮처럼 환하게 밝혀준다. 소금은 맛을 낸다. 설교자는 강단에서 청중에게 '세상의 빛과 소금이 돼라'고 선포하기 전에 자신이 먼저 '세상의 빛과 소금'으로 살아야 한다. 설교자가 빛과 소금으로 살기 위해서는 선포하는 말씀과 삶이 같아야 한다. 이럴 때 청중으로부터 존경을 받고, 설교자가 선포하는 설교가 힘이 있다.

2023년 6월 국민일보 파크뷰에서 크리스천리더스포럼(CLF·회장 이병구 네패스 회장)이 열렸다. 간증자로 나선 이남식 총장은 인생에 가장 큰 영향을 미친 분이 온누리교회 설립자인 하용조(1946~2011) 목사라고 했다. "당시 하용조 목사님은 세상에 많은 크리스천이 있는데도 세상이 왜 변하지 않는지 고심하셨어요. 그러면서 크리스천의 신앙과 삶이 일치해야 한다고 강조하셨죠."

노예제도를 폐지한 영국 정치인 윌리엄 윌버포스는 신앙과 삶의 일치로 세상을 선하게 바꾼 사람이다. 역사는 "윌버포스가 평생 노예제 철폐 운동에 헌신한 결과 영국은 1834년 노예제도를 폐지했다. 그의 영향력은 대륙 건너 미국에까지 이어졌다. 영국의 노예제 철폐는 에이브러햄 링컨 대통령이 미국의 노예 해방을 하도록 하는데 신호탄 역할을 했다."고 전한다. 한 알의 밀이 땅에 떨어져 열매를 맺은 결과다. 교인뿐 아니라 설교자도 강단과 삶이 하나 될 때 열매를 맺을 수 있다.

그리스도 중심인가 설교자 중심인가

교회는 그리스도를 보여주는 공동체다. 교회는 그리스도를 닮아가야 하고, 그리스도를 바라보며 성장해야 한다. 몸뿐 아니라 생각 감정 사고 안목 타인을 위한 배려도 함께 자라야 한다. 이러한 교회를 건강한 신앙 공동체라고 부른다.

건강한 신앙 공동체에는 사람이 모인다. 그 중심에 그리스도가 있다. 교회에 그리스도가 빠지면 병약해진다. 약해진다는 것은 그리스도가 있어야 할 자리에 설교자가 있음을 의미한다. 설교자가 중심이 되면 교회가 흘러가는 방향이 달라진다. 철길에서 이탈한 기차와 같다. 길이 없기에 목적지도 없다. 감정을 내세우고 환경을 좇아갈 뿐이다. 허공에 주먹질 하는 것처럼 힘만 뺀다. 교회 건물에만 관심을 가진다. 교회가 필요한 건물을 세우는 것은 당연하지만 성장했다는 것을 자랑하기 위해 세운다. 건물을 회칠한 무덤으로 만든다. 건물을 집중하다 보니 주변에 있는 교인이 보이지 않는다. 보여도 지나친다. 교회에 있어야 할 중요한 것이 빠져 버렸다.

교회에 그리스도가 빠지면 청중에게 할 설교가 줄어든다. 설교자의 입지가 좁아진다. 논에 심은 벼는 농부의 발자국 소리를 듣고 자란다는 말처럼 설교자는 그리스도에게 관심을 가져야 한다. 설교자가 그리스도에게 시간을 드리는 것만큼 청중도 깨닫는다. "오직 사랑 안에서 참된 것을 하여 범사에 그에게까지 자랄지라 그는 머리니 곧 그리스도라(엡4:15)." 청중은 그리스도를 아는 것을 넘어 그에게까지 자라가야 한다. 이를 위해 교회가 존재한다. 설교자는 이 것을 강단에서 선포해야 한다.

설교자가 그리스도를 선포하려면 자신의 것을 청소해야 한다. 마쓰다 미쓰히로가 쓴 《청소력》에 나온 이야기다. 저자는 사람의 마음 상태와 방안의 상태가 연결되어 있다고 주장한다. 책상 위에 올려놓은 것을 정리하니 기분도 좋아지고 책상에 앉아서 공부하고 싶은 마음이 든다고 한다. 책상이 자신의 마음을 보여주는 깨끗한 거울이 되었다. 무엇을 뒤로하고 앞에 세울 것을 정하라. 설교자는 그리스도보다 앞세우는 것을 정리할 줄 아는 청소력이 필요하다. 눈에 보이는 것이 줄어들수록 그리스도가 크게 보이기 때문이다.

헤르만 헤세가 쓴 《데미안》에 나오는 말이다. "태양은 빛으로 말하고, 꽃은 향기와 모양과 빛깔로 말하고, 공기는 눈과 비와 바람으로 말하고, 시인은 시로 말한다." 교회는 머리 되신 그리스도를 말해야 한다. 그리스도를 드러내야 한다. 그리스도가 중심이 돼야 한다. 결코 설교자가 중심이 돼서는 안 된다. 그래서 설교자는 누구 말씀을 전하는 것인지 늘 물어야 한다. 그리스도의 말씀을 전할 것인지, 내 말을 전할 것인지를 물어야 한다. 설교자는 강단에서 그리스도를 전할수록 삶에서도 열매를 맺게 된다는 것을 잊지 말고 그리스도만을 전해야 한다.

삶과 강단이 만나면 십자가가 된다

가로와 세로가 만나면 십자가가 된다. 가로는 삶이고 세로는 강단이다. 세로만 강조하면 올라가기 힘들어 바라만 본다. 가로만 강조하면 평범한 일상생활에 그친다. 그래서 가로와 세로가 만나야 한다. 높은 세로에 올라갈 수 있게 가로가 계단이 돼야 한다. 땅과 붙어 있는 가로를 세로가 높게 받쳐주어야 사람들이 동경하게 된다. 온전한 십자가가 된다.

가로 세로가 만나 온전한 십자가를 만든다는 것은 쉽지 않다. 결단이 필요하다. 포르티코스의 우화 《갈림길에 선 헤라클레스》에는 다음과 같은 이야기가 나온다. 젊은 시절의 어느 날, 헤라클레스는 꿈인지 생시인지 자신이 두 갈래의 갈림길에 서 있는 모습을 보았다. 한쪽 길은 '앵초꽃 길'이라고 불리는 쾌락을 향한 길이다. 다른 한쪽은 길고 험난하고 자갈이 굴러다니는 험한 길, '미덕을 향한 길'이다. 앵초꽃 길에서 예쁘게 생긴 여자가 그에게 오라고 손짓했다. 그녀는 자기와 함께 가는 길은 고통이 없고, 육체적 욕망을 포함한 욕구를 마음껏 채울 수 있다고 말했다. 또 다른 길에서 몸가짐이 단정한 여자가 그에게 오라고 손짓했다. 그녀는 이 길은 자갈이 굴러다니고 험한, 고통스럽고 힘든 길이지만 정의로운 길이며, 진정한 행복을 얻을 수 있는 '미덕의 길'이라고 말했다. 고민하던 헤라클레스는 길고 험난하고 자갈이 굴러다니는 길을 택했다. 여기에서 '헤라클레스의 선택'이라는 말이 유래했다. 이는 쉽지만 타락한 길이 아니라, 거칠고 힘들지만 정의의 길을 택해야 하는 어려운 결단을 의미한다.

설교자는 강단에서 내려와 선포한 말씀대로 살기를 늘 결단해야 한다. 전하는데 만 그쳐서는 안 된다. 바울은 선포한 말씀대로 살기가 얼마나 힘든지를 알고 이렇게 고백한다. "내가 내 몸을 쳐 복종하게 함은 내가 남에게 전파한 후에 자신이 도리어 버림을 당할까 두려워함이로다(고전 9:27)." 설교자는 강단에서 두려운 마음으로 말씀을 전해야 한다. 두려운 마음으로 전한 말씀대로 살기를 결단해야 한다.

십자가는 그저 만들어지지 않는다. 설교자는 강단에서 선포하는 말씀과 내려와서 사는 생활 모습이 하나가 돼야 한다. 하나가 될 때 세상으로부터 신뢰를 얻는다. 하나가 될 때 청중에게 존중받는다. 설교자로 인정받는다.

삶과 강단이 만나야 한다. 빗나가면 큰일 난다. 삶과 강단이 만날 때 십자가로 강단이 세워진다. 십자가가 삶의 중심이 된다. 그러면 삶과 강단은 하나의 완벽한 동전이 된다.

허진곤 목사

무주 금평교회 담임이다.
한일장신대학교 신학과 졸업,
한일장신대학교 교역학(M.Div) 졸업,
한일장신대학교 기독교교육(Th.M) 졸업했으며,
에세이문예 신인상을 수상했다.

07

강단에 예수님이 보이지 않는다

'교회는 예수님과 닮았다'는 팩트(fact)가 실종됐다

팩트가 힘이다. 이솝 우화 《늑대와 양치기 소년》에 양떼 목장에 늑대가 나타나지 않았다. 소년은 거짓으로 늑대가 나타났다고 소리치며 도움을 요청한다. 거짓에 속은 마을 사람들은 실제로 늑대가 나타났다고 소년이 외쳐도 도와주지 않는다. 팩트를 전해도 듣지 않는다. 거짓이 팩트를 위장했기 때문이다. 진실이 실종된 시대다. 남송우 고신대 석좌교수는 '2016년 옥스퍼드 사전에 우리가 가짜뉴스(Fake News)라고 부르는 상징적인 용어 탈진실(post-truth)'이 이미 세계적인 현상이 됐다고 진단했다. 세계적으로 가짜뉴스들이 활개를 친다.

얼마 전 푸틴 대통령은 '우크라이나군이 북대서양조약기구(NATO)의 지원을 받아 러시아를 침공했다.'라며 '벨고로드·브랸스크·쿠르스크 지역에 계엄령을 선포한다.'라고 말했다. 이어 주민들에게 '러시아 영토 깊숙이 대피하라.'라고 연설하는 영상이 퍼졌다. 그러나 해당 연설은 해킹 공격에 따른 허위 방송인 것으로 밝혀졌다. 전쟁이라는 엄청난 사건을 두고도 가짜뉴스가 만들어지고 있다.

'교회는 예수님을 닮았다.'라고 말한다. '예수님을 보려면 그리스도인을 보라'고 말한다. 교회에 예수님 닮은 사람이 있는가? 이 사실이 팩트가 된 것은 아닌가? 이 말이 가짜뉴스여야 한다.

세상에 가짜 뉴스가 많다. 가짜 뉴스를 걸러내는 힘은 팩트다. 가짜뉴스는 팩트 앞에 힘을 잃는다. 우리나라 뉴스에서도 팩트를 체크 하는 코너가 들어 있을 정도다. 정치인들의 말이나 유튜버들의 주장이 사실인지 점검하는 코너다. 아무리 그럴듯하게 주장해도, 팩트로 점검하면 진실이 드러난다.

진실이 그리워진 시대가 되었다. '교회는 예수님을 닮았다.'라는 진실이 그리워진 시대가 되었다. 하나님 말씀은 유통기한 없는 팩트다. 시간이 지나도 변하지 않는다. 1600년간이라는 긴 세월과 공간, 다양한 직업을 가진 사람들을 초월해서 완성되었다. '모든 성경은 하나님의 감동으로 된 것이다.'(디모데후서 3:16) 하나님의 감동으로 사람들이 성경을 기록했다. 진리의 말씀인 성경을 근거로 한 설교는 팩트다. 강단에서 선포되는 설교는 언제나 팩트여야 한다.

'예수님을 보려면 그리스도인을 보라.'는 말이 팩트가 되어야 한다. 가짜뉴스가 되면 안 된다. '교회는 예수님을 닮았다.'라는 말이 팩트가 되어야 한다. 이 말이 중요한 말이 되어야 한다.

예수님도 중요한 말씀을 하실 때는 그 말씀이 팩트임을 여러 번 강조 하신다. "예수께서 대답하여 이르시되 진실로 진실로 네게 이르노니 (요한복음 3:3, 5)" 여기서 '진실로'라는 단어의 원어는 '아멘'이다. 두 번씩이나 아멘 반복하시는 것은 말씀이 팩트임을 강조하는 것이다.

설교자는 팩트가 아닌 말에 휘둘리는 경향이 있다. 이경만 목사는 《가슴에 들리는 설교 이야기》에서 설교자가 청중들의 '아멘' 소리에 너무 신경 쓰면 안 된다고 말한다. 오늘날은 아멘 소리가 클수록 은혜로운 교회로 인정받는 분위기다. 이런 분위기에 휘둘리면 안 된다. '아멘' 소리에 유혹되어 진리의 말씀인 '팩트'를 놓치면 안 된다.

팩트가 힘이다. 예수님은 구약 성경에 기록된 말씀을 팩트로 인용하셨다. "예수께서 이르시되 또 기록되었으되 주 너의 하나님을 시험하지 말라 하였느니라 하시니 (신명기 6:16, 마태복음 4:7)" 예수님은 청중들에게 말씀하실 때 구약 성경을 근거로 제시하며 팩트를 밝혔다.

'교회는 예수님을 닮았다.'라는 말은 팩트다. 그 팩트인 말은 힘이 있다. 팩트는 세월이 지나도 여전히 변하지 않는 위력이다.

예수님이 실종된 교회에 시급한 것은 '교회는 예수님을 닮았다.'라는 팩트를 세상에서 인정하게 만들어야 한다.

세상은 삶의 팩트를 찾는다

세상은 팩트를 원한다. 그래서 팩트인 것만 찾아다닌다. 이단 집단인 신천지는 비기독교인들도 싫어한다. 비기독교인들은 그들의 교리를 모른다. 성경을 어떻게 잘못 말하는지 관심이 없다. 그런데도 싫어하는 이유는 예수님이 없기 때문이다.

신천지 집단에 빠진 자녀가 집에 들어오지 않는다. 가출한다. 가족을 외면하고 멸시한다. 아내가 신천지에 빠진 것을 뒤늦게 알고 안 갔으면 좋겠다고 말하는 남편을 가정폭력으로 신고하라고 가르친다. 정상적인 삶이 사라진 그들을 보고 세상은 등을 돌린다. 세상은 그들의 교리는 모른다. 하지만 그들에 대해 아는 것이 있다. 그들 안에 예수님이 없다. 그들이 아무리 좋은 말을 많이 해도 삶이 팩트가 아니라면 외면받는다.

사람들이 말을 뛰어넘어 행동에 주목한다. "미국의 잡지인 트레이닝, Training Magazine 보고서에 의하면, "95%의 경영자가 옳은 말을 하지만, 정작 그렇게 행동하는 경영자는 채 5%도 되지 않는다."라고 한다. 말이 삶으로 변환되지 않는 경영자는 결국 외면받을 수밖에 없다. 말만 잘하고 행동하지 않는 사람을 'NATO(No Action Talking Only)'라고 한다. NATO는 누구에게도 신뢰를 줄 수 없다.

코로나19 때 한국교회와 설교자가 신뢰를 잃었다. 그 안에서 예수님을 만날 수 없었기 때문이다. 예수님은 십자가에 죽음으로 사랑이 어떤가를 증명하셨다. 교회는 '사랑'을 말하면서 드리는 예배가 이웃의 생명을 위협했다. '사랑'을 말하면서 '사랑을' 실천하지 않았다. 말로만 사랑하고 행동하지 않는 "NATO(No Action Talking Only) 공동체, NATO 설교자"로 낙인찍혀 버렸다.

세상은 '교회 안에 예수님이 계신다.'라는 팩트를 원한다. 그 팩트를 찾기 위해 이곳저곳 기웃거린다. 설교자는 설교를 통해 말이 아니라 행동으로 그 팩트를 채워줄 수 있어야 한다.

2023년 개봉한 영화 '리바운드'는 실화를 바탕으로 한 영화다. 흥행에는 못 미쳤다. OTT 플랫폼에 공개되면서 시청자들의 관심을 다시 받는다. 눈앞에 보이는 흥행을 원하기도 하지만 사람들은 가슴 깊이 간직하고 싶은 팩트를 찾는다. '홍수에 마실 물이 없다.' 라는 말처럼 사람들은 흔한 것보다 진한 것을 찾는다. '교회 안에 예수님이 계신다.'는 그 진(眞)한 것이 팩트이기 때문이다.

예수님은 퍼팩트다

예수님의 삶은 팩트를 지나 퍼팩트하셨다. 예수님께서 바리새인들에게 하신 말씀을 보면 알 수 있다. "그러므로 무엇이든지 그들이 말하는 바는 행하고 지키되 그들이 하는 행위는 본받지 말라 그들은 말만 하고 행하지 아니하며(마태복음 23:3)"라고 하셨다. 예수님께서는 바리새인들은 말만 하고 행동하지 않는 태도를 싫어하셨다. 예수님께서는 바리새인들의 가르침은 배우되 행동은 본받지 말라고 하신다.

예수님은 교회에도 퍼팩트를 원하신다. 교회가 말로만이 아니라 삶으로 살아내길 원하신다. 예수님은 친히 퍼팩트한 삶을 사셨다.

예수님의 설교는 하나님을 보여주기 위한 것으로 팩트(fact)다. 십자가로 증명하신 예수님의 삶 역시 세상이 다 아는 팩트(fact)다. 그 팩트를 십자가와 부활로 퍼팩트(perfect)하게 살아내셨다.

설교자가 예수님의 말씀만 들려줄 것이 아니라 예수님의 실종이 아니라 예수님의 살아계심을 보여주어야 한다. 신학 공부할 때 신학생들 가운데 대형 교회 ○○○목사 설교 목소리를 흉내 내기도 했다. 그 안에 자기가 없다. 예수님의 살아계심을 보여주는 것에 실패했다. 말 따로 행동 따로는 힘이 없다. 생명력이 없다. 설교자는 예수님처럼 퍼팩트하지 않기 때문에 예수님을 흉내만 낼 뿐이다.

징로회신학대학교 설교학자인 故 정장복 교수는《한국교회 설교학 개론》에서 이렇게 말한다. 설교자들이 성직자로서 메시지 내용은 문제가 없으나 실천이 없는 것이 문제라고 말한다. 팩트만 전할 뿐 퍼팩트하지 않다는 것이다. 예수님은 말과 삶이 퍼팩트하셨다. 설교자도 예수님처럼 말과 삶이 퍼팩트해야 한다.

삶으로 완성된 설교는 임팩트다

팩트는 퍼팩트를 만든다. 퍼팩트는 임팩트 있게 한다. 설교자의 메시지는 예수님을 그대로 재현해야 한다. 기형도 시인은《우리 동네 목사님》이라는 시에서 "성경이 아니라 생활에 밑줄을 그어야 한다."라고 썼다. 설교자의 삶이 임팩트 있으려면 생활에 밑줄이 그어져야 한다는 일침이다.

설교자는 중요한 메시지를 목소리만 높여서 강조하는 시대가 아니다. 자신의 설교 중 가장 핵심적인 메시지는 삶으로 밑줄을 그어서 강조해야 하는 시대다. 설교자의 삶에 예수님의 삶과 같다고 밑

줄이 그어져야 한다. 그럴 때 삶으로 완성된 설교가 임팩트가 있다.

24년 3월, 생애 처음으로 말씀 사경회 강사로 갔다. 사경회 강사로서 받는 첫 열매는 하나님께 몽땅 드려야겠다는 생각이 들었다. 메시지 핵심은 경제문제의 공급자는 하나님이라는 사실을 청중들에게 증거 했다. "이스라엘 자손이 그들에게 이르되 우리가 애굽 땅에서 고기 가마 곁에 앉아 있던 때와 떡을 배불리 먹던 때에 여호와의 손에 죽었더라면 좋았을 것을 너희가 이 광야로 우리를 인도해 내어 주려 죽게 하는도다." (출애굽기 16:3)

사람은 배고프면 원망한다. 일용할 양식이 없으면 불평한다. 설교자로서 첫 열매는 하나님의 것이라는 말씀을 전하는 것도 중요하지만, 첫 열매를 하나님께 드리는 실천이 설교자의 삶이면 좋겠다는 마음에서 받은 강사비 전부를 교회에 헌금했다. 만나를 주시는 하나님을 바라보라는 메시지에 삶으로 밑줄을 긋고 싶었기 때문이다. 삶으로 완성되니 그 설교에 임팩트가 있었다.

목회컨설턴트 김성진 목사는 《바로 그 교회》에서 이렇게 말한다. "교회의 정체성은 진실성이다. 교회는 진실해야 한다. 아니 정직해야 한다. 모든 면에 있어서 하나님과 사람들 앞에서 정직한 사역이 이루어져야 한다. 특히 설교자의 진실성은 설교단에서와 그의 삶에 나타나야 하며 그 말씀에 따른 섬김과 헌신의 본을 가지고 그가 말하는 언어와 행동이 일치되어야 한다." 청중들이 찾는 바로 그

교회는 설교자의 진실성, 정직성이 설교단에서부터 시작하여 삶의 현장에서 증명될 때 찾아온다. 그 말씀에 따른 섬김과 헌신의 本(본)으로 언행일치가 될 때 하나님 말씀이 임팩트가 된다. 그럴 때 예수님 실종이 아니라 예수님 말씀의 삶의 완성이 된다.

석근대 목사

대구동서교회 위임목사이자, 사회교육전문요원과 목회컨설턴트이다.
저서로는 《일상에서 신앙 찾아가기》가 있으며,
NAVER 검색어: 글 바느질과 마음 뜨개질,
blog. naver, com>solom21로 활발하게 활동 중이다.

08

반지성주의적 설교는
들리지 않고 질리게 한다

진심은 환영! 진상은 안녕!

예수님은 어린아이들을 받아들이라고 하셨다. 요즘 현실은 다르다. 'No Kids Zone' 어린아이들 반대다. 아이들이 싫다는 것이 아니다. 생각 없는 부모들이 데려오는 아이들과 그 가족이 싫다는 말이다. 인터넷 커뮤니티에는 식당 주인들의 하소연들이 많다. 분명히 추가 주문 메뉴에 있는 것을 '아이 먹일 건데 조금만 주세요.'라고 요청을 한다. '추가 주문하시는 건가요?'라고 물으면 '그건 아니고,

아이 먹일 건데 조금만 주세요.'라고 말한다. 추가 요청인데 추가 주문은 아니라고 한다. 결국 식당 주인은 그 엄마의 요청을 들어준다. 그 엄마의 말을 받아들인 것이 아니다. 더 이상 그 엄마의 목소리를 안 듣기 위해서다. 소통이 아니라 단절이다. 다음 날 식당 밖에다 이렇게 써 붙인다. "우리 식당은 No Kids Zone"입니다. 단절을 넘어 근절이다.

단절하는 이유는 하나다. 말이 통하지 않기 때문이다. 더 정확한 의미는 비상식적이고 비이성적이기 때문이다. 식당에서 돈을 지불하는 모습이 이성적이고 합리적 행동이다. 그러나 진상 고객의 요구는 비이성적이다. 아이를 향한 본인의 마음은 진심이다. 그러나 식당 주인에게는 진상이다. 아이를 사랑하는 부모의 진심이 싫은 것이 아니다. 비이성적인 진상이 싫을 뿐이다. 사람들은 비이성적인 행동을 받아들이지 않는다. 진심은 환영한다. 그러나 진상은 '안녕~'이다.

반지성적 설교가 진상이다

설교가 들리지 않는 이유도 비이성적이기 때문이다. 설교자가 강단 위에서 납득이 되지 않는 말만 한다. 그러면서 하는 말. '하나님의 말씀이니 그냥 믿으라.' 앞뒤 내용 상관없이 설교 문장이 마무리가 안 되면 "믿습니까?"를 외친다. 아니면 "그렇게 하실 줄 믿습니다."를 외친다. 비이성적이고 비논리적인 내용을 뭉뚱그려 '믿음'이라는 단어로 어벌쩍 넘겨버린다.

그런 설교를 듣는 청중의 마음은 답답하다. 그런 설교에는 귀를 닫아 버린다. 설교 시간이 하나님의 진심을 전달하는 시간이 아니라 비이성적이고 반지성적인 진상의 우기기가 되어 버린다.

어떤 설교자들은 설교를 이성적인 기준으로 판단하면 안 된다고 말한다. 그 이유를 하나님의 역사는 상식을 뛰어넘기 때문이라고 말한다. 상식과 이성적인 내용만 강조하는 설교는 하나님의 일하심을 모르는 설교라고 말한다. 그런 말이야말로 하나님의 일하심을 무시하는 말이다. 우리가 상식적이라고 말하는 자연법칙은 하나님의 창조 질서다. 하나님의 역사는 대부분 창조 질서 안에서 일하신다. 아주 특별한 경우에만 창조 질서를 넘어 일하신다. 그렇게 창조 질서를 넘어선 기적도 하나님의 일하심이지만 평범한 일상과 상식이야말로 하나님이 가장 일반적으로 일하시는 모습이다. 홍해가 한 번 갈라지는 것은 놀라운 기적이고 하나님의 일하심이다. 그러나 홍해가 수천 년 동안 변함없이 흐르는 것. 그것이야말로 진짜 하나님의 일하심이고 기적이다.

상식을 뛰어넘는 일만 기적이고, 하나님의 역사라고 오해하면서 상식 안에서 이루어지는 일은 사람의 일이라고 폄하한다. 책상 앞에서 10시간 머리 싸매고 준비한 말씀보다 번뜩이는 영감으로 즉흥적으로 한 설교가 더 영적이라고 오해한다. 그러니 설교가 앞뒤가 안 맞는다. 앞뒤가 안 맞는 설교를 진심으로 소리치는데 청중들은 진상 손님 만난 것처럼 귀를 닫는다. 뜨거운 가슴의 진심은 환영이지만 지성이 사라진 진상 설교는 안녕이다.

설교자는 철저한 지성주의자다

일본 국제 기독교 대학교수인 모리모토 안리는 《반지성주의》에서 미국 유명 대학들이 신학교에서 출발했다고 말한다. 하버드, 예일, 프린스턴 같은 대학은 청교도 목사 양성을 위해 세워진 대학이다. 당시 청교도 목회자가 되기 위해 배운 수업 과정은 문법, 수사학, 논리학이 기본이다. 이것을 바탕으로 자연철학, 도덕철학, 형이상학을 배웠다. 신학은 그다음이다. 설교자들에게 신학을 가르치기 전에 기본적인 인문학적 소양을 먼저 가르쳤다. 지금의 설교자라면 신학을 공부하는 것이 일반적이지만 당시의 청교도들은 그렇게 생각하지 않았다. 설교자에게 꼭 필요한 역량 중 하나가 지성이기 때문이다.

사도행전 2장에는 베드로의 첫 설교가 나온다. 그 설교를 요약하면 '당신들이 십자가에 못 박은 예수님을 하나님이 살리셨다. 그분이 그리스도다.' 이런 내용이다. 이 설교를 들은 청중의 반응은 '찔림'이다. 상대방의 논리를 받아들이는 것이 '찔림'이다. 논리적이고 이성적인 말을 듣고 반박할 수 없을 때 '찔림'을 느낀다. 앞뒤도 안 맞는 이야기를 듣고 '찔림'을 느끼는 사람은 없다. 말이 통하지 않는 윽박은 '질림'이지 '찔림'이 아니다.

첫 순교자 스데반이 설교하는 현장에는 '찔림'과 '질림'이 동시에 나타난다. 스데반은 구약성경부터 시작해서 하나님의 일하심과 조상들의 불순종을 논리적으로 하나하나 말해준다. 논리적이고 이성적인 그 설교를 들은 청중들의 반응은 '찔림'이다. 그 이후 청중들의 행동은 다르다. 큰 소리를 지르고 귀를 막고 달려들어 공격한다. 어디에도 이성적인 반응은 없다. 사람을 질리게 만드는 광기다. 심지어 돌을 들어 스데반이 죽을 때까지 던진다. 이성이 사라진 광기는 찔림이 아니라 질림일 뿐이다.

설교자의 메시지는 청중에서 '찔림'이 되어야지 '질림'이 되면 안 된다. 앞뒤도 안 맞고 아멘만 강요하는 반지성의 설교는 '질림'이다. 그때 교인들은 마음속에 팻말을 하나 꺼내 든다. 'No Preaching Zone' 그 말씀은 제 마음에 들어올 수 없습니다.

지성과 영성은 원수가 아니라 동역자다

지성과 영성은 양립할 수 없는 원수가 아니다. 오히려 서로 돕는 동역자다. 한국 지성인의 대명사인 이어령 교수가 예수님을 믿고 나서 《지성에서 영성으로》라는 책을 썼다. 이 책을 가만히 읽다 보면 이어령 교수의 지성이 예수님과 신앙을 이해하는 데 큰 도움이 되었음을 알게 된다. 그가 가지고 있었던 지식 위에 믿음이 들어가니 하나님을 이해하는 폭이 더 깊어지고 넓어지게 되었다.

지성이 영성에 도움을 준 것은 바울을 봐도 알 수 있다. 그는 당대 지성인이다. 하나님은 그의 지성을 사용하셔서 12권의 성경을 기록하셨다. 바울이 빌립보서에서 '그리스도를 아는 지식' 외에 다 배설물로 여긴다고 말하는 것은 그것을 자랑삼지 않겠다는 의미지 지식이 필요 없다는 의미가 아니다. 하나님은 바울의 지성을 사용하셨다. 지성과 영성은 원수가 아니다. 사명을 감당하기 위해 함께하는 동역자다.

이제 설교자의 삶에서 지성과 영성이 화해해야 한다. 반지성이 믿음의 척도가 되어서는 안 된다. 낙타의 무릎만 강조할 것이 아니라 학자의 머리도 강조해야 한다. 청중에게 전하는 메시지를 위해서 가슴을 찢으며 기도함과 동시에 책상 위에서 머리를 뜯으며 씨름해야 한다. 그렇게 영성과 지성이 손을 잡고 만들어낸 설교는 더 이상 청중에게 '질림'이 아니라 '찔림'이 될 수 있다.

때로는 하나님의 기적이 상식을 뛰어넘어 우리에게 다가올 때가 있다. 하지만 기적은 일상적이지 않기 때문에 기적이다. 요단강에 물이 한 번 멈추고 갈라지면 기적이다. 계속 물이 흐르지 않으면 가뭄이다. 어쩌다 한번 원고를 넘어서는 강력한 메시지는 성령님의 역사다. 매번 상식적이지 않은 외침은 지식의 가뭄이다. 설교자는 반지성주의자가 아니다. 철저한 지성을 바탕으로 메시지를 준비하는 사람이다. 그렇게 준비한 메시지는 진상 메시지로 차단되는 것이 아니라 진심 메시지로 청중의 마음에 들려질 수 있다.

박명수 목사

장안동 사랑의교회 담임이자 설교목회연구원 대표이다.
저서로는 《하나님 대답이 듣고 싶어요》,
《하나님 순종이 어려워요》 등이 있다.

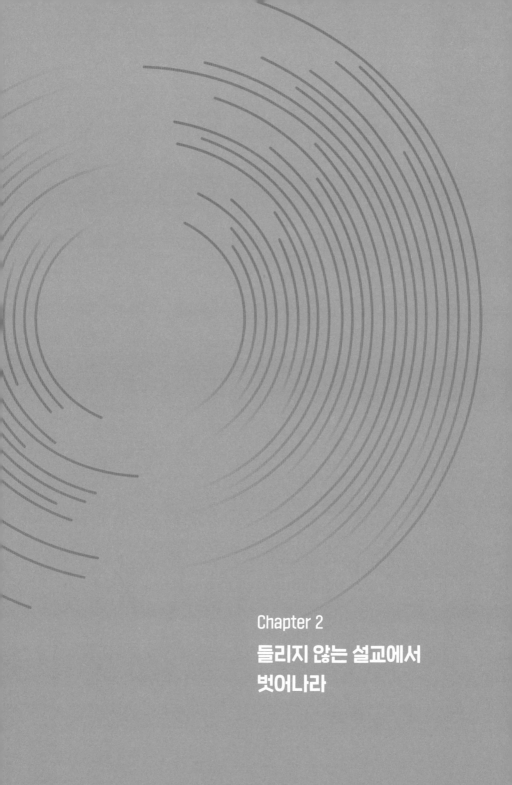

Chapter 2

들리지 않는 설교에서
벗어나라

설교트렌드
2025
- 들리는 설교

01

청중의 니즈를 고민하라

목사님! 리즈(leeds)가 아니라 니즈(needs)라니까요!

세상이 변했다. 변해도 너무 변했다. 변화의 속도가 너무 빠르다 보니 일부 어른들의 푸념 소리가 들린다. "그때가 좋았어." 그러나 돌아갈 수 없다. 아니 가고 싶어도 갈 수가 없다. 안타깝지만 변화된 세상에서 내가 맞추어 살아야만 한다. '리즈시절'을 그리워할 것이 아니라 필요한 니즈들은 내가 챙기며 살아야 한다. 마찬가지다. 변한 세상에서 설교자가 챙겨 할 것은 리즈가 아니라 니즈다.

'리즈(leeds) 시절(時節)'에 발목을 잡히면 '니즈'를 향해 갈 수 없다. 사전에 따르면 '리즈시절'은 지나간 전성기 혹은 황금기를 뜻하는 신조어다. 리즈시절은 누구에게나 있지만 저마다 다른 행복한 시절이다. 다만 많은 설교자들이 여전히 자신의 리즈시절에 발목 잡혀 있다. 한 번 잡히면 쉽게 헤어 나올 수가 없다.

유독 과거 이야기를 많이 했던 한 설교자가 생각난다. 그분은 매번 설교의 중간이 이런 표현을 많이 썼다. "과거에 제가~", "제가 ○○교회(대형교회)의 부목사 시절 때~", "예전에 제가 ○○일을 할 때~" 예배 후, 한 교인 나가면서 말했다. "아니, 왜 자꾸 옛날이야기를 하시지? 목사님의 설교에는 항상 옛날만 있어. 지금 우리가 어떤 고민이 있는 줄 알고 계실까?" 그 설교자는 여전히 리즈시절을 살고 있었다. 시대가 변했음에도 여전히 홀로 과거를 살고 있었다.

생각해 보면 설교는 거의 변하지 않았다. 설교를 듣는 교인들은 해마다 변해가는 데, 설교자는 변하지 않았다. 아트설교연구원 김도인 대표는 시대를 읽지 못하고 여전히 과거에만 있는 설교자들에 관한 경험을 이야기했다. "언젠가 신학교 설교학 교수의 설교를 받아본 적이 있다. 이 설교를 회원들과 나누었을 때 들은 말이 있다. 설교학 교수의 설교는 10년 전과 변한 것이 없네요." 왜 변한 것이 없을까? 설교자가 여전히 과거의 명성에 살고 있기 때문은 아닐까? 리즈시절에 발목을 잡혀 청중의 니즈를 제대로 보고 있지 못함은 아닐까? 그러기에 10년이 지나도 변함이 없는 것이다.

유명한 슬로건이 오버랩된다. '바보야 문제는 경제라니까!' 1992년 미국 대선에 빌 클린턴이 사용한 슬로건이다. 짧은 이 문장 하나가 대통령 선거의 판도를 바꾸어 놓았다. 오늘날 청중의 니즈를 무시하고, 여전히 자신의 리즈에 발목 잡혀 있는 설교자를 보면서 청중이 하고 싶은 말이 바로 저 말이 아닐까. '목사님! 문제는 니즈라니까요!' 리즈에 발목 잡혀 니즈를 잊으면, 아무리 외쳐봐야 청중에게 들리지 않는다. 들리지 않으면 잊히기 마련이다. 어떻게 아느냐고. 용산전자상가와 콩다방을 보면 된다.

니즈와 리즈의 혼동하면 잊혀진다!

다음 두 가지에는 공통적인 키워드가 있다.

　용산 전자상가의 몰락

　별다방(스타벅스)과의 상권 싸움에서 밀린 콩다방(커피빈)

　공통적으로 적용되는 키워드는 '니즈'다. 둘 다 리즈에 발목 잡힌 사례다. 먼저는 용산전자상가. 한 20년 전만 해도 용산전자상가는 우리나라 'IT 성지'였다. 당시 구하기 힘든 해외 제품들도 용산에 가면 된다는 믿음이 있었다. 그러나 일부 판매꾼들이 도를 넘는 행동을 했다. 고객에게 중고를 새 제품으로 속이거나, 비용을 1.5~2배 높게 받거나, 환불을 거부했다. 덕분에 이들을 용팔이('용산+팔이'의 합성어)라고 부르며 비난하는 고객들이 생기기 시작했다. 이들은 손님을 가장하고 들어간 KBS 취재진에게 "손님, 맞을래요?"라고 말하는 희대의 명언을 남기기도 했다. 유통구조의 변화도 있겠지만 결국 리스와 니즈를 구분하지 못한 전자상가, 몰락의 길을 걷게 되었다.

콩다방도 비슷하다. 초창기만 해도 별다방과 콩다방은 라이벌 관계였다. SBS BIZ('한때 스타벅스 라이벌이었는데, 초라해진 커피빈'. 2021.4.6.)에 따르면 2010년, 둘의 매출 차이는 겨우 1.9%였다. 그러나 2020년 기준으로 15.2배 차이가 난다. 점점 더 매출의 차이가 벌어졌고, 콩다방의 영업이익이 적자로 돌아섰다. 왜 그렇게 되었을까? 시작은 노트북 고객들의 니즈를 무시한 결과였다. 이들은 노트북 사용자들이 요구한 콘센트, 와이파이존이라는 니즈를 무시했다. 잘 되는 상황에 사로잡혀 고객의 니즈를 제대로 인지하지 못했고 결국 매출의 급감으로 이어졌다.

성장을 원한다면 니즈를 채워야 한다. 기업은 물론이고 작은 점포라고 하더라도 이제는 고객의 니즈를 무시하고서는 성장할 수가 없다. 우리는 이렇게 니즈를 제공하는 것을 다른 말로 서비스 (service)라고도 한다. 서비스가 좋아야 다시 찾고 싶고, 서비스가 좋아야 계속 이용하고 싶다. 이건 설교자에게도 다르지 않다. 청중은 자신의 니즈를 채워주는 설교자를 찾기 마련이다. 그런 점에서 설교자는 청중의 니즈에 특히 민감하게 반응해야 한다. 그것이 서비스 정신이고, 그것이 설교자가 살아남는 길이다.

이제는 인위적으로 '아멘'을 요구하던 시대는 지났다. 니즈가 채워져야 설교가 들리고, 설교가 들려야 '아멘'으로 화답하는 시대다. 그렇다면 과연 설교자는 어떻게 청중의 니즈를 채울 것인가? 여기에 몇 가지 방법이 있다.

업(業)의 시대, 프로페셔널한 설교자로 업(up)하다!

직(職)의 시대가 가고 업(業)의 시대가 왔다. AI 시대가 대두되면서 직업(職業)에 대한 개념이 많이 달라졌다. 이제는 직과 업을 분리하는 시대다. 유명만 교수는 《내려가는 연습》에서 말했다. "지금까지는 직(職)의 시대였다. '무엇'이 되느냐가 가장 중요했다. 그러나 이제는 업(業)의 시대다." 업의 시대. 과연 설교자는 무엇에 집중해야 하는가? 어떻게 해야 들리는 설교자로 살아남을 수 있을까? 정답은 전문성에 있다.

직과 업은 엄연히 다른 개념이다. 둘의 합성어가 '직업'이긴 하나, 둘의 뜻은 천양지차(天壤之差)다. 최송목 작가는 《카카오 브런치》에서 직과 업을 이렇게 구분했다. "직은 사회적 타이틀, 완장이고 한마디로 밥벌이 생계수단이다. 생계수단이니 일시적이고 늘 바꾸고 평생 동안 나처럼 21개 회사 31개 직을 전전하는 이도 있다. 그러나 업은 일종의 소명 또는 천직, 삶의 목적 개념이다. 업은 지속적이고 변함이 별로 없으며 평생 한 둘로 일생 좋아하는 업 하나로만 살다 간 사람도 있다." 그러기에 업의 시대에는 우리가 흔히 말하는 어떤 정신(精神)이 필요하다. 더 쉽게 표현하면 전문성이다.

업의 시대는 전문성의 시대다. 이제는 단순히 어떤 지식을 많이 알고 있다고 해서 높은 평가를 받지는 않는다. 앞선 유명만 교수의 설명을 조금 더 들어보자. "업의 시대에 살아남으려면 프로페셔널이 되어야 한다. 프로페셔널의 출발점은 '고객의 바람을 이루어준다'는 열망이다. 전문직이라고 해서 자동으로 프로로 인정받는 것은 아니다. 프로가 되지 못하는 변호사나 의사는 간판을 유지하기 힘들어진다." 즉, 살아남기 위해서는 무엇보다 전문가가 되어야 하며, 여기에서의 핵심은 '니즈'다.

프로페셔널이 되기 위해서는 상대의 니즈를 이해해야 한다. '고객의 바람을 이루어준다'는 말은 '고객의 니즈를 채워 준다'는 말과 동의어다. 기업은 고객의 니즈를 채워야 하고, 설교자는 청중의 니즈를 채워야 한다. 무엇보다 청중에게 들리는 설교를 하고 싶다면 핵심은 청중의 니즈를 정확하게 파악해야 한다. 그러기 위해서는 몇 가지를 기억할 필요가 있다.

첫째, 청중이 무엇에 관심이 있는지를 파악하는 것이 먼저다. 관심에도 선후(先後)가 있다. 청중의 관심이 먼저다. 로마의 유명한 시인이었던 푸블릴리우스 시루스(Publilius Syrus)가 말했다. "우리는 다른 사람이 우리에게 관심을 가질 때에서 비로소 그들에게 관심을 갖는다." 청중에게 먼저 관심을 가져라. 먼저 관심을 가지면 청중의 니즈가 보인다.

둘째, 트렌드를 읽는 눈을 키워야 한다. 고(故) 구본무 전 LG그룹 회장이 임원 세미나에서 강조한 것은 '트렌드를 읽는 눈'이었다. 그는 말했다. "글로벌 경쟁은 갈수록 치열해지는 등 경영 환경이 급속히 어려워지고 있다. 이에 트렌드 변화의 흐름을 정확히 읽어 기회를 잡을 수 있어야 하고, 한번 잡은 기회는 반드시 우리 것으로 만들어야 한다." 설교자가 트렌드를 읽을 줄 알아야 청중의 니즈를 포착할 수 있다. 그리고 잡은 기회는 어떻게 하든 놓치면 안 된다.

셋째, 청중의 삶에 공감해야 한다. 수영로교회 이규현 목사는 《설교를 말하다》에서 이렇게 조언한다. "목회에서 가장 중요한 사역은 돌보는 교인들을 충분히 이해하는 것이다. 설교가 허공을 치는 것은 사람과 상황에 대한 이해가 없어서이다. 소통보다 더 중요한 것이 바로 공감이고, 공감을 얻어야 설교자가 교인과 하나가 될 수 있다." 공감해야 청중의 니즈와 만날 수 있다는 말을 잊어서는 안 된다.

선택의 시대에는 프로만 살아남는다. 설교자는 항상 갈림길에서 있다. 청중의 니즈를 채우고 프로페셔널한 설교자가 되느냐. 그렇지 않으면 혼자만의 생각과 고집으로 아마추어 설교자가 되느냐. 갈림길에서 청중의 니즈를 선택하라. 청중이 무엇에 관심이 있는지 파악하고, 눈을 떠 세상의 트렌드를 읽어라. 청중의 삶을 피부로 공감하라. 청중의 니즈에 민감하게 반응할수록 프로페셔널한 설교자가 된다. 업의 시대! 프로페셔널로 업(up)된 설교자만 살아남는다.

김정준 목사

'다음세대에게는 다음이 없다'라는 마음으로 20년째 다음세대 사역을 하고 있다. 영남신학대학교 신학과와 동 대학원, 전남대 사학과에서 서양사로 석사 학위, 한남대 대학원 기독교학과에서 교회사로 박사 수료 중이다.

저서로는 《다음 없는 다음세대에 다가가기》(글과 길), 《한 권으로 끝내는 교사 교육_이론편》(글과길), 《한 권으로 끝내는 교사 교육_실전편》(글과길)이 있고, <크리스천투데이>에 '다음 세대 다시 보기'를 연재 중이다.

02

쓰리 포인트에서
원 포인트로 전환하라

바꾸지 않으면 변하지 않는다

지금까지 한국교회 설교는 쓰리 포인트가 대부분이다. 쓰리 포인트 설교는 설교 본문을 정하고 본문 안에서 3개의 주제로 설교하는 것이다. 서로 사랑하라는 제목의 설교를 쓰리 포인트 설교로 구성해 보았다.

제목: 서로 사랑하라

대지 1: 하나님을 사랑하라

대지 2: 부모를 사랑하라

대지 3: 이웃을 사랑하라

쓰리 포인트 설교는 20년 전 신학교에서 배웠던 방법이다. 많은 설교사가 쓰리 포인트 설교를 배웠을 것이나. 그러나 20년 동안 목회 현장은 너무나 많은 것이 변했다. 청중들은 전기차를 타고 교회에 와서 인공지능(AI)에게 좋은 설교자를 추천받고, 스마트폰으로 전 세계에서 설교를 듣는다. 20년 전에는 없던 일들이다.

하나님의 말씀은 바뀌지 않는다. 하지만 설교는 바뀌어야 한다. 청중이 바뀌고 있기 때문이다. 시대가 변하면 사람도 변한다. 세상은 변하는데 설교는 변하지 않았다. 그래서 교인도 변하지 않는다. 20년 전에는 20년 전에 맞는 설교가 있었다. 지금은 지금 시대에 맞는 설교가 있다.

이덕일은《조선 왕을 말하다》에서 "지도자에게 가장 필요한 능력은 시대를 읽는 능력이다."라고 말했다. 설교자에게 필요한 것은 시대를 읽는 능력이다. 설교는 시대와 밀접하게 연결돼야 한다. 지혜로운 설교자는 시대의 변화를 무시하면 안 된다.

청중은 변하는 세상에서 말씀으로 힘을 얻기를 바란다. 설교자도 자신의 설교를 듣고 변하게 될 청중을 꿈꾼다. 그러나 자신의 설교 스타일도 바꾸지 못하면서 다른 누군가가 변화되기를 바라서는 안 된다. 알베르트 아인슈타인은 "어제와 똑같이 살면서 다른 미래를 기대하는 것은 정신병 초기 증세다."라고 말했다. 나를 먼저 바꾸지 않으면 아무것도 변화시킬 수 없다.

아직도 많은 설교자가 쓰리 포인트 설교를 선호한다. 많은 사람이 한다고 그것이 정답은 아니다. 나의 경쟁자는 다른 설교자가 아니다. 바로 나 자신이다. 청중이 변화되기를 원한다면 자신의 설교부터 쓰리 포인트에서 원 포인트로 바꿔야 한다.

단순한 것이 강하다

쓰리 포인트 설교는 3가지 주제를 다룬다. 3가지 주제는 또다시 3가지 예화를 이야기하고 3가지 적용을 제시한다. 청중은 주제가 3개나 되는 설교를 쉽게 기억하지 못한다. 세 번째 메시지를 들을 때쯤에는 첫 번째 메시지가 무엇인지 기억하지 못한다. 언제 설교가 끝날 것인가만 기다린다.

사람의 집중력은 길지 않다. 세계적인 검색회사인 구글의 연구진이 사람들의 집중력을 연구했다. 평범한 사람의 집중력은 8초라고 한다. 뇌 과학자와 심리학자들은 사람들이 특정 웹페이지에 머무는 시간은 4.4초라는 연구 결과를 발표했다.

청중의 집중력은 생각보다 짧다. 짧은 시간에 너무 많은 주제를 이야기하는 것은 효율적이지 못하다. 원 포인트 설교는 '하나의 이야기'만 전한다. 주제가 하나이기 때문에 청중에게 더욱 쉽게 각인 될 수 있다. 청중의 집중력은 생각보다 짧기에 원 포인트 설교여야 한다.

리더십 전문가이자 목사인 존 맥스웰은 "설교자는 복잡한 것을 단순하게 만드는 자"라고 말했다. 설교자는 복잡하고 어려운 것을 쉽고 단순하게 만들어 전달해야 한다. 복잡한 쓰리 포인트가 아니라 단순한 원 포인트로 설교해야 한다.

주제가 많다고 좋은 것은 아니다. 좋은 것일수록 단순해야 한다. 《고수의 질문법》의 저자 한근태는 단순하게 만드는 것이 가장 복잡하고 어렵다고 말한다. 단순함은 복잡함과 노력, 그리고 깨달음의 단계를 지나야 얻어지는 선물이자 열매와 같다.

짐이 많다고 좋은 여행을 하는 것이 아니다. 여행을 많이 다니는 전문가일수록 짐이 적다. 여행 횟수가 많아질수록 짐을 적게 줄이는 비결을 터득하게 된다. 설교를 잘하는 설교자일수록 많은 것을 말하지 않는다. 핵심을 원 포인트로 이야기한다.

복잡하다는 것은 생각의 정리가 끝나지 않은 상태다. 성경을 충분히 묵상하면 하나의 주제를 찾을 수 있다. 원 포인트 설교는 성경을 충분한 묵상 후 한 가지 주제만 이야기한다. 단순함이 곧 집중력이기 때문이다.

설교를 원 포인트로 해야 하는 이유는 청중이 이해하기 쉽기 때문이다. 원 포인트는 하나만 기억하면 된다. 청중이 설교에 쉽게 집중한다. 《스틱》의 저자 칩 히스와 댄 히스는 단순함은 간결하면서도 핵심을 찌른다고 말했다. 원 포인트 설교는 핵심을 찌른다. 그 핵심으로 인해 청중은 변화된다.

원 포인트 설교는 실력이 필요하다

많은 설교자가 원 포인트가 아니라 쓰리 포인트 설교를 선호하는 이유가 있다. 첫째는 실력이 부족하기 때문이다. 원 포인트로 설교하려면 실력이 필수적이다.

둘째로 설교자들이 원 포인트를 어려워하는 이유는 할 말이 없기 때문이다. 짧은 글은 논리가 쉽다. 그러나 길이가 길어질수록 논리적인 글을 쓰기는 어렵다. A4 1장을 논리적으로 쓰는 것과 A4 3장을 논리적으로 쓰는 것은 많은 차이가 있다.

실력이 없다면 좋은 원 포인트 설교가 나올 수 없다. 원 포인트 설교를 하기 위해서 실력부터 쌓아야 한다. 설교 글쓰기 전문가 김도인 목사는 설교자는 평생 공부하는 사람이라고 말한다. 로이드 존스, 스펄전, 조나단 에드워즈, 옥한흠 같은 시대가 인정한 탁월한 설교자는 모두 공부하는 설교자였다.

원포인트 설교하기 위해서는 두 가지를 해야 한다.

첫째, 독서를 많이 해야 한다. 독서를 많이 함으로 핵심을 짚어내는 기술을 습득할 수 있다. 독서를 많이 한 사람은 핵심을 잘 읽어낸다. 글의 맥락도 빠르게 이해한다.

둘째, 글쓰기 훈련을 많이 해야 한다. 아무리 아는 것이 많아도 쓰지 못하면 소용없다. 짧게 단문으로 쓰는 연습을 해야 한다.

원포인트 시대에 설교자는 쓰리 포인트에서 원 포인트로 전환해야 한다. 전환하려면 편한 길로 가려는 관성을 버려야 한다. 설교자는 청중에게 들리는 설교로 가는 원 포인트로 설교해야 한다.

한국 교회에서 쓰리 포인트 설교를 듣고자 하는 청중은 소수다. 20년 전보다 지적인 수준이 눈에 띄게 발전된 시대를 살고 있는 청중, 인공지능에 길들여진 청중은 원 포인트 설교를 원한다. 그렇다면 이제 쓰리 포인트가 아닌 원 포인트 설교로 넘어가야 한다.

김현수 목사

행복한나무교회 담임이다.
저서는 《메마른 가지에 꽃이 피듯》이 있다.

03

청중 삶의 무관심에서 벗어나라

설교자의 욕망은 교회성장에 있다

설교자는 청중과 삶의 주파수가 일치해야 한다. 주파수가 일치하지 않으면 지지직거리기만 하지 무슨 소리를 하는지 들리지 않는다. 이유는 욕망의 불일치 때문이다.

인간은 욕망을 따라 살아간다. 프랑스의 철학자이자 정신분석학자인 자크 라캉(Jacques Lacan)은 '욕망이란 욕구 이상의 것을 추구하는 것'이라고 한다. 김기석 목사도《흔들리며 걷는 길》에서 "욕망의 특색은 과도함이다. 과도함은 타자에 대한 배제를 낳는다. 테러와 분쟁과 전쟁의 뿌리에는 과도한 욕망이 있다."고 한다.

욕망은 욕구에 만족하는 것이 아니라 '더'를 요구한다. 욕망은 밑 빠진 독과 같다. '더'를 요구하는 욕망은 채우려 해도 채워지지 않는다.

이저럼 정중은 자기가 원하는 욕망을 따라 살아간다. 설교에서도 청중의 욕망이 있다. 설교가 귀, 마음, 삶에 들림이다.

설교자에게도 욕망이 있을까? 설교자는 세상의 욕망을 포기하고 하나님의 일을 하겠다고 헌신한 사람이 아닌가? 그런 설교자가 세상의 욕망을 종교적 성공으로 바꾸었을 뿐이다. 고려신학대학원의 박영돈 교수는 《일그러진 한국교회의 얼굴》에서 "목사가 자신의 욕망을 다스리기 가장 힘든 사람일 수 있다."고 한다. 계속해서 다음과 같이 말한다. "청춘을 바쳐 목사로 헌신한 사람은 주님과 그의 나라를 위해 귀하게 사용 받고 큰일을 하고 싶다는 원대한 꿈과 포부를 갖는다. 세상을 향한 모든 욕망을 버린 대신 목사로서 성공하려는 열망은 더욱 강렬해진다. 모두가 하나님의 영광을 위해 일한다고 말을 할 수 있지만, 목회에서 성공하고 큰 교회를 이루려는 것이 진정으로 누구를 위한 것인지, 그 명분과 실제는 확연히 다를 수 있다."

설교자의 욕망은 목회에서 성공하고 큰 교회를 이루려는 것이다. 앞에서 청중의 욕망은 설교가 들림이라고 했다. 설교자와 청중의 코드가 일치하지 않는다. 김도인 목사는 《설교는 글쓰기다》에서 "설교자와 청중의 코드가 전혀 맞지 않다. 청중의 생각은 온통 설교에 집중되어 있다. 하지만 설교자의 생각은 목회에 집중돼 있다. 청중은 설교에 자기 생명이 달려 있다고 본다. 청중은 설교에 자기 영혼을 맡긴다. 설교자는 설교에 목숨 걸지 않고 설교를 통해서 뒤따라오는 교회 부흥에 목을 맨다."고 말한다.

설교자가 욕망과 열정을 혼돈하고 있는 것은 아닐까? 욕망을 열정으로 착각하고 있는 것은 아닐까? 어쩌면 욕망을 감추고자 열정이라는 가면을 쓰고 있는지도 모른다. 많은 설교자들이 설교를 통해 교회성장을 이루고자 하는 욕망이 있다. 교회를 부흥시켜 성공한 목사라는 영광을 얻으려고 한다.

청중의 욕망은 들리는 설교다. 설교자의 욕망은 교회 성장이다. 두 주파수가 맞지 않는다. 주파수가 다르니 청중이 설교 시간에 하나님 말씀을 들으려 하는데 지지직거리는 소리만 들린다. 이렇게 된 원인은 설교자가 청중에게 관심이 없는 욕망 충돌 때문이다.

청중의 삶에 무관심한 설교자

설교자는 교회 성장 이전에 청중의 눈빛이 무엇을 말하는지 알아야 한다. 삶의 자리가 어떠한지 알아야 한다. 하지만 설교자는 청중의 삶에 그다지 관심이 없어서 잘 모른다. 2024년 1월 3일자 오마이뉴스에 실린 '목사가 쓰는 택배이야기'에 실린 내용이다. "얼마 전 내가 잘 아는 한 교인은 이렇게 메일을 보내왔다. '하나님의 말씀을 듣고 강단에 서는 목회자분들이 아이러니하게도 가장 교인들의 삶을 모르는 것 같습니다. 많은 목사님이 교회 안에서 온실 같은 삶을 살면서 존경만 받고 칭찬만 받고 대접만 받는 삶을 사시다 보니 정작 하나님의 일을 한다면서 교인을 이해하지도 못하고 또 하나님의 마음도 이해하지 못할 때를 많이 봅니다. 그래서 목회자분들이 스스로 노동해서 일을 해보고 돈을 벌어보고 가정을 책임져 보는 일을 경험했으면 좋겠다는 생각을 할 때가 많습니다.'"

교인의 말에 전적으로 동의하는 것은 아니지만 공감이 된다. 대부분의 설교자들은 청중의 삶을 모른다. 청중의 삶에 무관심하다. 청중을 모르고 설교하니 청중에게 설교는 지지직거리는 소리로만 들린다.

청중은 세상에서 치열하게 산다. 윤태호 작가의 웹툰 소설인 《미생》에 나오는 대사는 이렇다. "회사가 전쟁터라고?…밖은 지옥이다." 천육백만 명이 본 영화 '극한직업'에서 주인공 고반장이 빌런 이무배와 격투를 벌이며 한 말은 이렇다. "니가 소상공인 모르나 본데! 우린 다 목숨 걸고 해!" 건강문제로 애먹는 50대 중소기업 본부장이 아이들에게 용돈을 주면서 늘 이렇게 말했다고 한다. "이거 그냥 아빠 월급에서 주는 거 아니다. 아빠 목숨 값이야. 생명을 줄여 가며 번 돈이다."

서울의 직장인들은 지옥철을 타고 출퇴근 한다. 투잡(job)은 물론 쓰리 잡 이상 하는 사람도 있다. 이런 삶을 살아가는 청중에게 설교자는 새벽기도까지 나오라고 설교한다. 교회에 봉사하지 않으면 믿음이 없는 사람처럼 낙인을 찍는다. 헌금하지 않으면 교회를 사랑하지 않는다고 헌금을 강요한다.

필자는 신문배달, 대리운전, 학원차운전, 일용직, 장애인활동지원사등 다양한 일들을 경험해보았다. 이런 경험을 해보지 않았다면 청중의 삶을 이해하지 못했을 것이다. 설교자는 청중의 삶이 얼마나 중요한지 알고 설교해야 한다.

헤르만 바빙크는 "설교자는 반드시 자신의 청중과 씨름해야 합니다."라고 말한다. 리처드 백스터도《참목자상》에서 "우리들이 맡은 모든 양떼들은 우리의 목회 안에서 개별적으로 우리의 보호와 감독을 받아야 합니다. 이 목적을 달성하기 위해서 우리가 맡은 양떼들을 개별적으로 알아야만 합니다."고 말한다. 예수님께서도 "선한목자는 양들을 안다."고 말씀하신다.

하나님께서는 설교자에게 청중을 맡겨주셨다. 설교자는 예수님처럼 청중을 알아야 한다. 청중의 삶에 관심을 가져야 한다. 관심을 넘어 그가 어떻게 사는지 집중해야 한다. 할 수만 있다면 청중의 삶을 경험해 봐야 한다. 설교를 들어야 할 사람이 청중이기 때문이다. 설교자는 그 영혼을 책임져야 하기 때문이다.

청중의 삶의 자리는 하늘이 아니라 땅이다

청중은 하늘에 사는 존재가 아니다. 그들은 땅을 밟고 현재를 살고 있다. 안타까운 것은 설교자의 설교는 하늘에만 머물러 있다. 성경의 세상 속에만 멈춰 있다. 청중은 이런 설교를 듣고 이렇게 반응한다. "그래서 우리보고 어쩌라는 건가요? 전쟁터와 같은 세상에서 어떻게 살아가라는 것이죠?" 땅 위에 사는 청중에게 하늘의 소리는 뜬구름 잡는 소리에 불과하다. 현재의 삶과 괴리된 설교는 청중을 힘들게 한다. 답답하게 할 뿐이다. 주일 설교가 전혀 들리지 않는다.

커뮤케이션 학자인 박영근 박사가 《오늘 대한민국을 설교하라》에서 설교자에게 중요한 말을 한다. "설교는 십자가의 두 막대가 연결된 것처럼 이어 주는 것입니다. 하나님의 말씀이 그 놀라운 힘을 다 발휘할 수 있도록 하는 설교의 비결은 '이어 주는 것'입니다. 시간과 공간을 초월하여 모든 인류에게 적용되는 하나님의 말씀을 설교자는 이 시간, 이 공간, 그리고 이 인간들에게 이어 주어야 합니다. 창세기, 너무도 멉니다. 말라기도 멉니다. 중동, 이스라엘, 그리고 애굽, 다 먼 나라 이야기입니다. 도무지 실감이 나지 않습니다.

도대체 오늘 이 땅에서의 내 삶과 무슨 연관이 있습니까?" 청중 편에서 설교가 어떠해야 하는가를 말하는 박영근 박사의 말에 설교자는 귀 기울여야 한다.

존 스토트도 《설교자란 무엇인가》에서 다음과 같이 이야기한다. "하나님의 말씀 가운데 한 단락을 아무리 정확하게 강해한다 해도, 그것을 사람들의 실제적인 필요와 연결 짓지 못한다면 결코 충분하지 않다. 설교의 매혹이 여기 있으니, 하나님의 말씀을 사람의 필요에 적용하는 것이다. 설교자는 하나님과 친밀한 만큼 그가 살고 있는 세상 사람들과도 익숙해야 한다."

팀켈러도 《팀켈러의 설교》에서 이렇게 말한다. "설교를 깊이 들여다보는 하나의 길은 세 가지 '텍스트'(text)라는 틀을 통하는 것이다. 세 가지 텍스트는 성경 본문인 '텍스트'(text), 청중이 처한 정황과 환경인 '콘텍스트'(context), 설교자의 숨은 마음인 '서브텍스트'(subtext)다."

성경을 잘 해석해 준다고 해도 청중의 삶의 자리와 무관하다면 설교는 외면 받는다. 설교가 지지직거려 거의 들리지 않는다. 설교자는 청중이 처한 '콘텍스트'(context)를 알고 '텍스트'(text)인 성경을 이어 주어야 한다. 청중이 삶의 한 접촉점에서 만나게 해주는 설교가 되어야 한다.

청중의 삶을 이해하지 못한 설교는 들리지 않는다

설교자가 청중의 삶을 다 경험할 수는 없다. 설교자는 설교자의 삶의 자리가 있다. 하지만 적어도 청중의 삶을 이해할 수 있어야 한다. 청중의 삶을 이해하지 못하면 청중의 마음을 알 수 없다. 청중의 마음을 알지 못하고 자기주장만 하는 설교는 들리지 않는다. 설교자는 강단에 서기 전에 먼저 청중의 자리에 앉아야 한다. 청중의 삶을 이해해야 한다.

김은성의 《인류 최고의 설득술, 프렙》에 오바마와 힐러리에 대한 이야기를 한다. 2007년 미국의 한 카운티에서 1시간 간격을 두고 오바마와 힐러리의 대선 유세가 있었다. 유세 현장에 오바마가 도착해보니, 100명 정도가 들어갈 강당에 300명 이상이 모여 있었다. 오바마는 1시간 예정이었던 연설을 20분 만에 끝냈다. 주로 변화와 희망에 대한 이야기, 자신의 근황 등 가벼운 이야기였다. 연설을 마치고 사람들과 악수하고 사인을 해주며 유대의 시간을 가졌다. 1시간 뒤 도착한 힐러리는 많은 사람들이 모여 있는 것을 보고 흥분했다. 논리적이고 명석한 그녀는 자신의 공약을 친절하게 설명했다. 많은 자료와 근거를 대며 자신의 공약을 친절하게 무려 1시간 30분 동안 설명했다. 연설이 끝난 후 300명의 청중은 반 이하로 줄어들었다. 오마바는 청중의 상황을 이해했지만 힐러리는 이해하지 못했다.

김도인 목사도 이렇게 말한다. "설교자는 청중 앞이 아니라 청중과 같은 의자에 앉아야 한다. 청중과 어깨를 나란히 하고 같은 풍경을 보아야 한다. 그때야 비로소 자신도 청중이 되며, 비로소 청중의 마음을 이해할 수 있다." 설교학 교수인 토마스 G. 롱 역시 《증언하는 설교》에서 "설교자는 회중으로부터 강단으로 나와 설교하는 사람"이라고 했다. 설교자는 하늘에서 내려온 사람이 아니다. 설교자도 청중의 자리에 있었던 사람이다. 강단에 서 있다고 해서 청중의 자리를 잊어버려서 안 된다. 청중의 삶과 마음을 이해해야 한다.

"약한 자들에게 내가 약한 자와 같이 된 것은 약한 자들을 얻고자 함이요 내가 여러 사람에게 여러 모습이 된 것은 아무쪼록 몇 사람이라도 구원하고자 함이니"(고린도전서 9:22)

사도바울은 유대인을 얻고자 유대인처럼 됐다. 율법 아래 있는 자를 얻고자 율법 아래 있는 사람이 됐다. 약한 자를 얻고자 약한 자와 같이 됐다.

사도바울은 청중을 얻기 위해 청중의 자리로 내려왔다. 예수님은 제자들에게 본을 보이고자 발을 씻는 종의 자리까지 내려오셨다. 설교자는 하늘의 소리만 전하는 것을 그만두어야 한다. 잔소리하는 설교를 멈춰야 한다. 설교를 넋두리하는 시간으로 만들지 말아야 한다. 청중의 삶을 고민하고 공감한 뒤 진리를 선포하는 설교자가 돼야 한다.

설교자는 청중의 삶에 관심을 가져야 한다. 집중해야 한다. 이해해야 한다. 강단에 오르기 전 청중의 자리에 앉아야 한다. 청중의 마음을 알아야 한다. 그래야만 강단에서 선포되는 설교가 땅을 밟고 살아가는 청중의 삶과 연결된다. 곧 설교가 청중에게 잘 들린다.

이재영 목사

아트설교연구원 부대표이다.
저서로는 《신앙은 역설이다》,
《말씀이 새로운 시작을 만듭니다》,
《감사인생》 등이 있다.

04

주제 파악이 안 되는
설교에서 벗어나라

말 잔치로 끝나는 설교

설교의 요점이 없이 설교하는 설교자는 횡설수설한다. 미국 크리스
천포스트(CP)가 기독교 작가이자 문화변증가인 말론 드 블라시오
(Marlon De Blasio)의 칼럼 '설교자가 스스로에게 물어봐야 할 다섯
가지 질문'을 최근 게재했다. 다섯 가지 질문 가운데 하나가 '내 메
시지의 요점은 무엇인가'이다.

설교자는 설교를 준비하면서 정확히 무엇을 전할 것인지 자문해
야 한다. 메시지의 목적을 확인해야 한다. 그 목적에 맞게 설교를 구

성해야 한다. 설교자가 요점에 집중하면 청중은 방향을 잃지 않는다. 설교에 귀 기울이게 된다. 이에 반해 설교의 요점이 없으면 설교자는 횡설수설하게 된다. 그러면 청중은 방향을 잃고 귀를 닫는다.

역사상 가장 성공적인 설교자 가운데 한 사람은 빌리 그래함(Billy Graham) 목사다. 수십 년 동안 사역 내내, 그의 설교는 계속 연관성을 가졌고 현대적이었다. 그가 인용한 참고 자료, 일화, 당시의 문화적 사상에 대한 연계는 한 가지 요점을 제시했다. "하나님은 당신을 사랑하시고, 당신의 죄를 위해 예수님을 보내셨다."

아무런 준비 없이 설교하는 설교자는 없다. 나름 본문을 정하고 고심하며 제목도 만든다. 설교를 구성한다. 청중은 주일 아침 설교의 본문과 제목을 보며 기대한다. 그런데 설교자가 강단에서 횡설수설하고 내려온다. 설교자가 많은 말을 했지만 청중은 무슨 말인지 알아듣지 못한다. 설교 시간이 아무 말 잔치로 끝나버린다.

왜 이런 안타까운 일이 벌어질까? 설교자가 본문이 말하고 있는 메시지를 제대로 파악하지 못했기 때문이다. 본문의 내용보다 청중에게 하고 싶은 말이 앞서기 때문이다. 자기주장만 펼치려 했기 때문이다. 이런 설교를 듣는 청중은 상처받는다. 청중은 하나님의 말씀을 들으려고 왔지 설교자의 아무 말 잔치를 들으려고 온 것이 아니다.

강단은 설교자가 횡설수설하는 곳이 아니다. 아무 말이나 하는 곳이 아니다. 자기가 하고 싶은 말을 하는 곳이 아니다. 하나님의 말씀이 무엇을 말하는지 핵심 메시지를 전하는 곳이다.

말이 안 되는 설교

본문의 주제 파악이 제대로 안 된 설교는 말이 안 된다. 이오덕 선생이 말한 '나쁜 글' 가운데 하나가 "무엇을 썼는지 알 수 없는 글"이다. 말이 안 되는 것, 무엇을 썼는지 알 수 없다는 것은 논리적이지 못하다는 의미다. 설교가 논리적이지 않으면 청중에게 들리지 않는다. 김도인 목사는 《설교는 글쓰기다》에서 이렇게 이야기한다. "논리성은 수사학의 영역이다. 그래서 설교에는 인문학적 요소가 덧입혀져야 한다. 설교는 성경의 단어와 구절의 바른 해석에서 끝나서는 안 된다. 논리적 구성을 통해 청중에게 '그러면 어떻게 살 것인가'에 대한 길을 제시해 줘야 한다. 물론 설교에서 가장 중요한 것은 성경의 바른 해석이다. 나아가 설교가 청중에게 들려지도록 설교를 구성해야 한다. 그리고 논리적으로 글을 써야 한다. 만약 설교가 들려지지 않으면 바른 해석의 가치는 추락하고 만다. 성경해석의 가치가 '추락'이 아니라 '상승'하기 위해서는 논리적인 설교를 해야 한다."

논리적인 설교를 하려면 본문의 주제를 파악해야 한다. 그다음,

주제에 맞게 논리적으로 설교를 구성해야 한다. 설교가 논리적이지 않으면 그 설교는 청중에게 들리지 않는다.

설교에서 논리가 중요한 이유가 있다. 설교가 논리적이지 못하면 핵심 메시지가 시간에 따라 변한다. 처음에는 순종으로 시작했다가 중간에는 믿음이 나오고 결말에는 은혜로 마무리한다. 이 말하고 저 말 하면서 논리에서 크게 벗어난다. 논리에서 벗어나면 그 설교는 아무 말 잔치로 끝난다.

세상은 미로와 같다. 세상이라는 미로를 벗어날 수 있는 안내판은 설교다. 한 방향을 제시하는 논리적인 설교다. 설교가 논리적이지 않으면 청중은 미로 깊숙한 곳에 갇힌다. 미로가 힘든 것은 복잡하기 때문이 아니다. 출구로 이끌어주는 안내판이 없기 때문이다. 설교자가 청중을 논리적인 설교를 통해 출구로 안내하면 미로에서 길을 잃어버리지 않고 하나님께 나갈 수 있다.

성경은 한 방향으로 나가는 논리적인 책이다. 논리적인 성경을 비논리적인 설교로 만들면 안 된다. 설교자는 논리적인 성경을, 주제를 제대로 파악해, 논리적으로 말이 되게 설교해야 한다.

주제와 상관없는 설교

설교는 성경 본문 주제와 긴밀하게 연결돼야 한다. 네덜란드 축구

선수 가운데 요한 크루이프가 있다. 선수와 감독으로서 큰 성공을 거두어 전 세계적인 명성을 얻었다. 그는 이렇게 말한다. "우리 편 동료와 계속해서 연결되어 있는 것이 오늘날의 축구 흐름이다." 축구는 천 번 튕길 수 있는 기술이 필요한 것이 아니다. 한 번에 정확하게 패스하는 기술이 필요하다. 패스 연결이 잘 될 때 골 넣을 수 있는 기회가 만들어진다.

설교도 축구처럼 본문의 주제와 연결돼야 한다. 본문의 주제가 논리적으로 청중에게 연결될 때 청중에게 감동으로 다가갈 수 있다. 만약, 주제 연결이 중간에 끊어지거나, 멈추어버리면 설교는 청중이 한숨만 내 쉬게 만든다.

설교는 본문, 주제, 청중의 삶의 자리와 긴밀하게 연결돼야 한다. 이 세 가지를 논리적으로 연결한 것이 설교다. 김도인 목사는《설교는 글쓰기다3》에서 이렇게 말한다. "주제를 관통하지 못하는 설교는 고도화된 지식 사회, 즉 청중이 설교자보다 지식이 높은 시대에 어울리지 않는다." 설교자는 설교 주제를 논리적으로 일관성 있게 관통시켜야 한다. 청중의 지식수준이 예전보다 높아졌다. 듣는 귀가 높아졌다. 이런 시대를 살아가는 청중은 설교 주제가 논리적으로 관통된 설교이길 원한다. 주제를 관통하지 못하는 설교는 청중에게 외면당하는 것은 당연하다.

설교는 한 주제로 나가야 한다. '스위트 스폿'이라는 용어가 있다. 테니스 라켓이나 골프채에서 핵심이 되는 부분을 가리킨다. 골프채의 스위트 스폿으로 공을 쳐야 최대 비거리를 낼 수 있다. 설교도 스위트 스폿이 존재한다. 바로 한 주제로 청중의 마음을 강타하는 것이다.

한 주제는 한 줄기다. 여러 곁가시를 만들지 않는다. 곁가지가 많으면 청중은 설교에 집중할 수 없다. 핵심을 놓쳐버린다. 집중하지 못하는 것은 설교에 많은 주제가 있다는 것이다. 주제가 많으면 설교자가 설교를 많이 준비한 것처럼 생각할 수 있다. 하지만 청중은 설교 준비를 소홀히 했다고 여긴다. 설교는 주제와 완벽하게 상관 있어야 한다.

논리적인 시대에 설교는 한 주제를 논리적으로 펼쳐내야 한다. 한 주제를 논리적으로 펼쳐낼 때, 청중이 머리로 듣고 가슴에 새기고 가장 빠르게 행동하게 한다.

"어느 별이든 혼자서 빛나는 별은 없어. 또 다른 별에 반사돼 비로소 빛을 얻는 거야." 영화 <라디오 스타>에서 박민수가 한물간 록스타 최곤에게 했던 말이다.

설교도 한 번에 들리도록 논리적으로 만들기 어렵다. 누군가의 도움을 받아야 한다. 그래서 김도인 목사는 "말 잔치로 늘어놓는 설교를 이미지 설교로 전환하고, 틈이 벌어진 설교를 논리적인 사고력으로 공간을 메꾸고, 곁가지가 많은 주제를 원포인트 형식으로 탈바꿈할 것"을 종용하고 있다. 그 이유는 주제 파악이 안 된 설교가 아니라 주제 파악이 제대로 된 설교를 하는 것이 설교자의 사명이기 때문이다.

허진곤 목사

무주 금평교회 담임이다.
한일장신대학교 신학과 졸업,
한일장신대학교 교역학(M.Div) 졸업,
한일장신대학교 기독교교육(Th.M) 졸업했으며,
에세이문예 신인상을 수상했다.

05

번한 설교를 뒤집어라

사람들은 반전에 주목한다

개가 사람을 물면 사고지만 사람이 개를 물면 사건이다. 사람은 뻔한 사고 소식에는 주목하지 않는다. 내가 예상하지 못한 사건에 반응한다. 그때부터 적극적으로 검색하고 알아본다. '무슨 일인가?' '왜 그랬는가?' '그래서 어떻게 되었는가?' 그 사건 이전 이야기가 궁금해서 검색하고, 다음 이야기를 기대하며 기다린다. 내가 아는 뻔한 이야기에는 귀를 닫지만 내 생각을 벗어난 낯선 이야기에는 온 신경을 집중한다. 반전의 힘이다.

아주머니들의 수다가 재미있는 이유는 반전이 있기 때문이다.

라디오 컬투쇼에 나온 사연이다. 버스를 타고 집에 가는데 바로 뒤에 앉은 아주머니들의 대화가 심상치 않다. 동네에 새로 생긴 과일 가게 총각과 기존에 있던 반찬 가게 아주머니의 불륜 이야기다. 이야기가 진행되면서 새로운 비밀이 밝혀진다. 그 두 명이 그 이전부터 알고 지내던 사이라는 거다. 그 후 이야기는 또다시 새로운 국면을 맞이한다. 알고 보니 과일 가게 총각은 총각이 아니었다. 반찬 가게 아주머니를 속이고 총각 행세하던 기러기 아빠라는 사실이 드러났다. 이야기는 반전의 반전으로 이어진다. 그때 갑자기 버스에 있던 다른 아주머니가 벌떡 일어나더니 이야기하고 있던 분들에게 이렇게 말한다. "제가 다음 정류장에서 내려야 하는데 그러면 결말을 못 들을 것 같아서 결말부터 말해주면 안 돼요?" 그분도 이 반전의 불륜 이야기에 귀를 열고 듣고 있었던 거다. 그때 제일 뒤에 있던 할아버지가 큰 소리로 말한다. "시끄러" 버스 안에서 하고 있는 대화와 이 소란이 너무 시끄럽다고 하시는 걸까? 할아버지는 이어서 이렇게 말한다. "안 돼! 나는 이미 세 정거장 지났는데도 듣고 있단 말이야." 드라마 같은 불륜 이야기도 반전이고, 그 이야기를 듣고 있는 버스 안 상황도 반전이다. 반전이 있는 이야기는 사람들이 내려야 할 정거장도 지나치게 만든다. 반전은 사람들을 주목하게 만든다.

　많은 설교가 청중에게 주목받기보다 외면받고 있다. 반전이 없기 때문이다. 나도 다 아는 이야기를 설교자가 핏대 세워가며 이야기한다. 설교자가 목이 쉴 것처럼 외치는 열정 때문에 한두 번은 감동이지만 계속되면 소음이다. 내 마음에 들어오지 않는 뻔한 이야기는 결국 소음이다. 뻔한 이야기를 길게 하면 긴 소음이고, 뻔한 이야기를 크게 하면 큰 소리 나는 소음이다. 뻔한 설교는 동네 아주머니들의 소문보다 못한 소음이 된다.

오랜 시간 사랑받아온 작품들은 그 속에 반전이 가득하다. 프란츠 카프카의 소설 《변신》은 첫 문장에서부터 뻔함을 거부한다. "그레고르 잠자는 자신이 흉측스런 벌레로 변해 버린 것을 발견했다." 소설은 시작부터 주인공이 벌레가 되었다고 말한다. 이러면 사람들은 궁금해진다. '진짜 벌레가 되었다는 것인가? 아니면 꿈 이야기인가?' 그런데 작가는 한 번 더 독자의 생각을 깨버린다. 진짜 벌레가 된 주인공이 하는 첫 번째 고민이 직장 출근이다. 자신이 벌레가 되었다는 사실보다 '어떻게 출근하지?'라는 고민을 먼저 한다. 처음부터 끝까지 독자의 생각을 넘어선 이야기들로 가득하다. 작품에서 눈을 뗄 수가 없고, 계속 집중하게 만든다. 사람들은 반전에 주목한다.

성경은 반전으로 시작해서 반전으로 끝난다

성경의 첫 장을 펼치면 반전의 세계가 시작된다. "태초에 하나님이

천지를 창조하시니라." 해, 달, 별을 신으로 섬기던 사람들의 생각을 뒤집어 버린다. 프란츠 카프카는 첫 문장에서 사람을 벌레로 만들어 버렸지만 하나님은 첫 문장에서 태양신을 뜨거운 돌덩이 하나로 만들어 버렸다. 반전으로 시작한 성경 이야기는 또 다른 반전으로 이어진다. 이제 신이 사람을 위해 죽어 버린다. 신을 위해 사람을 제물로 바치는 이야기는 들어 봤지만 신이 제물이 되어 사람을 위해 죽는 이야기는 없었다. 성경은 그 핵심이 반전이다. 그리고 그 마지막까지 반전이다. 이 땅에서 핍박받고 박해받는 성도들을 향해 요한계시록은 '너희가 승리자'라고 말한다. 지금 흘리는 눈물이 패배의 눈물인 줄 알았는데 최종 승리의 마중물이라고 선언한다. 성경은 반전으로 시작해서 반전으로 끝난다.

성경은 내용만 반전이 아니다. 표현도 반전이다. 많은 설교자들이 하나님 말씀의 내용에만 주목한다. '믿어라.' '기도하라.' '사랑하라.' 그래서 반전이 가득한 하나님의 말씀을 뻔한 잔소리와 소음으로 만들어 버린다.

예수님의 설교는 내용만 탁월한 것이 아니다. 반전의 구성도 탁월하다. "심령이 가난한 자는 복이 있나니 천국이 그들의 것임이요 애통하는 자는 복이 있나니 그들이 위로를 받을 것임이요" 하나님을 간절히 찾는 자가 천국을 누릴 것이라는 이야기를 심령이 가난한 자가 복되다고 표현한다. 슬픔에 빠진 자를 위로해 주실 것이라는 이야기를 '슬퍼하는 자가 복이 있다.'라고 표현한다. 우리는 이미 달달 외워버려서 뻔한 내용으로 느껴지지만 그 문장 하나하나가 모두 반전이다. 그러니 예수님의 말씀은 사람들에게 소음이 아니다. 오히려 소문으로 번진다. 여기저기 입소문이 나서 한 번에 오천 명이 넘는 사람들이 모이기도 한다.

설교자는 전달자다. 그러니 말씀의 내용만 배우면 반쪽이다. 말씀의 전달 방법까지 배워야 백점이다. 말씀의 내용인 알맹이도 중요하다. 또한 그것을 전달하는 포장지인 전달법도 중요하다.

영남 지역은 추어탕과 매운탕을 먹을 때 산초가루라는 것을 넣어서 먹는다. 울산에서 태어난 나는 어릴 때 어머니가 산초가루를 만드시는 모습을 보았다. 산초나무의 열매를 따다가 껍질을 깐다. 그리고 그 껍질을 모으신다. 버리려고 모으시는 줄 알았는데 정작 버리는 건 까만 열매였다. 산초가루는 열매의 껍질을 갈아서 만든 가루다. 모르고 껍질을 버렸다면 다 버린 거다.

설교자는 성경에서 반전 메시지를 배운다. 세상의 가치관을 뒤엎는 하늘의 메시지를 알아 간다. 또한 성경에서 반전의 전달법을 배운다. 사람들의 마음과 귀를 열게 하는 반전의 표현법이다. 내용인 알맹이와 그 알맹이를 감싸고 있는 표현법까지 배워야 백점이다. 그때부터 청중은 설교자의 입술을 주목한다. 설교 시간이 백색소음 차단 시간이 아니라 천국 소문 근원지가 된다.

반전은 뒤집기가 아니라 제대로 보기다

창세기 1장 1절 천지 창조의 선언은 당시 사람들 입장에서는 뒤집기다. 그러나 실상은 제대로 보기다. 해, 달, 별을 피조물 위치에 제대로 두었다. 반전은 무조건 뒤집는 것이 아니다. 깊이 숨어 있는 본질을 끄집어내는 것이 반전이다. 이전에 들었던 설교 중에서 이런 말이 있었다. "우리는 가족 때문에 상처받는다. 왜 그런가? 사랑하기 때문이다." 상처를 사랑과 연결했다. 표현은 뒤집기다. 실상은 사랑의 본질을 제대로 보고 밖으로 끄집어낸 것이다.

니체는 《짜라투스트라는 이렇게 말했다》에서 삶의 본질을 끄집어내기 위해 망치가 필요하다고 말한다. "돌 속에는 형상이 있다. 그 형상이 왜 돌 속에 잠들어 있어야 하는가. 망치는 그 형상을 가두고 있는 감옥을 잔인하게 두들겨 부순다." 단단하게 굳어 있는 뻔한 생각의 감옥을 부수기 시작할 때 그 속에 숨어 있는 본질이 나오기 시작한다.

소설가 프란츠 카프카는 그 도구가 책이라고 말한다. 그는 책이 생각을 깨는 도끼라고 말한다. "책은 우리 안의 얼어붙은 바다를 깨는 도끼다." 뻔한 생각은 단단한 껍질 같아서 쉽게 깨지지 않는다. 책으로 계속 두드리고 두드려야 깨지기 시작하고, 조금씩 깊이 생각하게 만들어 준다.

김도인 목사는 《설교자, 왜 인문학을 공부해야 하는가?》에서 인문학이 '여전함'에서 '역전함'으로 방향을 틀어 준다고 말한다. 표면적인 생각에 머물러 있는 설교자를 깊은 생각의 세계로 이끌어 준다는 말이다. 누군가 나에게 어떤 책을 좋아하는지 물었을 때 이렇게 대답했다. "제가 모르는 내용이나 제가 생각하지 못했던 생각이 담겨 있는 책을 좋아합니다." 모르는 내용이 들어와야 알고 있다고 생각했던 고정 관념이 깨진다. 생각하지 못했던 관점을 만나야, 기존의 생각이 뒤집어진다. 그러면서 저 아래 숨어 있는 본질을 깨닫게 되고 설교에 녹여 낼 수 있게 된다.

뻔한 설교는 듣지 않는 소음이다. 반전이 필요하다. 그 시작은 설교자의 생각이다. 설교자의 생각이 뒤집어져야 청중들의 삶이 뒤집어진다.

노먼 빈센트 필은 "생각을 바꾸면 세상이 바뀐다."라고 말한다. 이 말을 설교자에게 이렇게 적용할 수 있다. "설교자의 생각이 바뀌면 설교가 바뀐다." 그때부터 설교는 뻔한 잔소리, 들리지 않는 백색 소음이 아니라 내 마음을 울리는 교훈이 된다. 전달하고 흘려보내고 싶은 아름다운 소문이 된다.

박명수 목사

장안동 사랑의교회 담임이자 설교목회연구원 대표이다.
저서로는《하나님 대답이 듣고 싶어요》,
《하나님 순종이 어려워요》등이 있다.

들리지 않는 설교에서 벗어나라

06

일방불통에서
쌍방소통으로 전환하라

불통의 벽을 허물어야 한다

설교자는 소통하기 위해 설교한다. 하지만 청중은 설교가 불통이라고 난리다. 이 불통의 벽을 허물어야 한다. 누가 허무는가? 설교자가 허물어야 한다. 허물기 위해 할 것이 청중과 소통의 방법을 찾아야 한다. 소통이 안 되면 효율을 추구하는 시대에 효율성을 찾을 수 없게 된다.

사람들은 효율을 중요시한다. 아인슈타인은 많은 연구를 하고 과학계에 큰 업적을 남겼다. 하지만 그는 두뇌의 15%만 썼다고 한다. 보통 사람은 평생 노력해도 두뇌를 10% 정도만 쓴다고 한다. 참으로 비효율적이다.

세상에서 가장 비효율적인 것이 설교가 아닌가 싶다. 설교자가 설교를 열심히 준비했지만 정작 청중에게 들리지 않으면 그 설교는 1%의 효과도 나타내지 못한다. 설교의 효율을 높이려면 소통력을 높여야 한다.

소통이 없는 곳에는 많은 문제가 발생한다. 개인과 개인, 개인과 사회, 단체와 단체 간에 소통이 제대로 이루어지지 않아 발생하는 문제들이 많다. 개인 간의 갈등, 노사 갈등, 정치, 사회적 갈등은 모두 소통의 부재로 일어나는 일들이다.

교회의 문제는 출발이 설교의 불통이다. 설교를 들은 청중이 불통으로 불만이 쌓인다. 이 문제는 설교자가 풀어야 한다. 설교자는 막히는 사람이 아니라 통하는 사람이 되어야 한다. 불통의 벽을 허물어야 한다.

설교가 들리지 않으면 소통이 일어나지 않는다. 불통의 설교는 교회의 길을 막아버린다. 제일 먼저 청중의 귀를 막는다. 불통으로 귀를 막은 청중은 건강한 신앙생활이 막힌다. 교회의 비전까지도 막힌다.

청중의 불통이 지속되면 청중은 교회를 떠난다. 2023년 기독교

통계를 보면 교회를 떠난 청년 중 39%가 매주 교회 다니는 것이 부담스러워서라고 답했다. 서로 통하는 것이 없으니 부담스럽게 느끼는 것이다.

교회와 세상과의 불통도 지속되고 있다. 교화와 세상의 소통이 일어나시 않으면 보이지 않는 벽이 생긴다. 자연스럽게 교회와 세상의 거리는 멀어진다.

설교자도 청중과 소통으로 벽이 생기지 않도록 해야 한다. 설교자는 벽에다 설교하는 상황을 만들지 않아야 한다. 설교자라면 한 번은 벽에 설교하는 기분을 느껴본 적이 있을 것이다. 이 벽은 설교자뿐 아니라 청중도 느낀다.

설교자는 설교에서 불통의 벽을 허물어야 한다. 설교자는 하나님의 말씀으로 청중과의 벽을 허물어야 한다. 더 나아가서 세상과의 벽도 허물어야 한다. 벽을 허물기 위해서는 불통이 아니라 소통이 되는 들리는 설교를 해야 한다.

소통은 연결이다

소통은 연결 능력이 있다. 설교자가 청중과 소통할 때, 하나님과 청중이 연결된다. 지금 세상은 초연결사회다. 사물과 사람, 사람과 기계, 데이터와 기술이 네트워크로 연결되어 있다.

세계적인 기업들은 고객과 연결되기 위해 노력한다. 아마존 회장 제프 베조스는 자신을 가리켜 '고객 집착증 환자'라고 말했다. 고객과 연결하기 위해 모든 노력을 다한다는 말이다. 세상은 이미 초연결사회로 가고 있다.

예수님은 연결의 전문가셨다. 예수님은 십자가에서 하나님과 인간을 연결하셨다. 병자, 죄인을 찾아가셔서 하나님과 연결시키셨다. 하나님과 연결된 사람은 모두 행복을 경험했다. 설교자는 하나님의 말씀으로 하나님과 청중을 연결시켜야 한다. 설교자는 청중이 하나님과 연결되어 행복한 삶을 살도록 만들 책임이 있다.

청중은 어딘가에 연결되기를 원한다. 팬데믹으로 인간관계에 연결이 끊겼을 때도 사람들은 온라인으로 연결을 선택했다. 팬데믹으로 집에 주로 있게 된 사람들은 넷플릭스와 유튜브에 연결되었다. 넷플릭스와 유튜브는 세상과 연결되는 통로였다.

청중도 온라인으로 하나님과 연결되길 원했다. 온라인으로 예배와 모임에 참여했다. 규모와 상관없이 많은 교회가 유튜브 채널을 만들고 예배를 실시간 중계했다. 연결에 대한 갈증은 환경에 상관없이 나타난다.

팬데믹이 끝난 후 청중들은 온라인이 아니라 현장으로 돌아왔다. 2023년 온라인 예배 실태 조사를 보면 현장 예배 회복률이 2022년 4월 57%에서 2023년 6월 74%로 점점 증가하고 있는 것을 알 수 있다. 팬데믹이 멈춘 후 사람들은 온라인이 아니라 현장을 찾아 예배를 드리고 있다.

설교자는 이런 청중의 소통 욕구를 채워주어야 한다. 소통 욕구를 채워줄 수 있는 최적의 소통 창구가 설교다. 소통되는 설교를 위해 설교자는 많은 시간을 설교 준비에 할애한다. 그 이유는 설교를 통해 청중과 하나님을 연결하기 위해서다. 청중은 하나님과 연결될 때 힘을 얻고 행복한 삶을 산다.

많은 설교자가 설교 준비에는 열심이지만, 정작 설교가 청중에게 들리는지 고민에는 열심이 아닌 것 같다. 초연결사회에 설교자는 청중과 하나님을 연결하기 위해 들리는 설교에 대한 고민을 심각하게 해야 한다.

예수님은 하나님도 인간도 소홀히 하지 않으셨다. 설교자도 하나님 말씀과 청중을 모두 소홀히 해서는 안 된다. 하나님 말씀을 열심히 준비하되 청중과 소통하는 설교가 되도록 노력해야 한다.

이해가 소통의 시작이다

소통하려면 상대를 이해해야 한다. 이해는 일방적인 것이 아니라 쌍방적이다. 자신이 하고 싶은 말만 하고 자신이 원하는 것만 하는 사람을 고집불통이라고 한다.

불통에는 이해됨이 없다. 소통은 이해를 넘어 이치까지 깨닫는다. 설교자가 청중과 소통하기 위해서는 청중과 공감대가 형성되어야 한다. 지금 시대는 공감의 시대다. 미국의 대표적인 미래학자인 제레미 리프킨은 21세기를 '공감의 시대'라고 표현했다.

설교자가 공감 훈련을 하기 위해 독서는 필수적이다. 독서를 통해 청중을 이해하고 공감하게 된다. 자신이 아는 만큼 보인다. 좌정관천(坐井觀天)이란 말이 있다. 우물 안 개구리라는 뜻이다. 우물 안 개구리는 자신이 보는 것이 전부인 것으로 믿고 살아간다.

머신러닝은 인공지능의 한 분야로, 컴퓨터가 데이터를 학습하고 성능을 향상시키는 기술이다. 인공지능도 끊임없이 학습한다. 많은 데이터를 학습할수록 인간을 더 잘 이해하기 때문이다.

설교자도 학습을 게을리해서는 안 된다. 성경을 통해 하나님을 알고 독서를 통해 청중을 알아야 한다. 아는 만큼 보인다. 설교는 청중의 마음을 이해하는 데부터 출발해야 한다. 청중을 이해할 때, 소통이란 과제의 해결책을 제시할 수 있다.

황상형 목사

대구동서연경교회 부목사이다.
영남신학대학교, 영남신학대학 신학대학원를 졸업했다.
공저로 《출근길 그 말씀》이 있다.

07

마음까지 공격하지 마라

간격이 멀면 들리지 않는다

간격이 멀면 들리지 않는다. 물리적 거리가 가까우면 들리지만, 멀어지면 소리가 들리지 않는다. 뮤지컬 공연장 VIP 자리는 배우와 관객 간의 거리가 가까워 잘 들린다. C석은 배우와 관객 간의 거리가 멀어 잘 들리지 않는다. 세상의 것은 물리적 거리가 중요하다.

설교자와 청중 사이 간격은 물리적 거리보다 중요한 것이 심리적 거리다. 심리적 거리가 멀면 가까워도 들리지 않는다. 단절로 이어진다.

이런 말이 있다. '멀리서 보면 희극이지만 가까이서 보면 비극이다.' 희극이 되고 비극이 되는 것은 물리적 거리보다 심리적 거리다. 설교자와 청중 사이는 심리적 간격이 좁아야 삶이 보인다. 설교자는 청중에게 가까이 다가가야 한다. 가까이 나가가면 아픔까지도 보인다. 청중이 멀리서 보면 근심 걱정 없는 사람으로 보인다. 청중에게 가까이서 들어보면 눈물겨운 아픔이 보인다.

필자는 아무나 하지 않는 큰 수술을 했다. 이틀 동안 끙끙 앓았다. 일주일간 병원 생활을 마치고 집으로 왔다. 두 달 동안 조심 또 조심해야 하는 기간이다. 누워서 보내는 시간이 앉거나 서서 보내는 시간보다 더 많았다. 시간이 지나면서 몸은 회복되었다.

사람들이 내게 묻는다. "건강은 어떠세요? 얼굴은 좋아 보입니다." 속 모르는 이야기다. 그런 말에는 마음만 더 아프다. 오랜 세월 나의 몸무게는 67kg 전후다. 평상시보다 몸무게는 2kg 빠졌다. 다른 사람의 위로는 물리적 거리는 가깝지만, 심리적 거리는 멀기만 하다. 나 또한 이런 일을 경험하기 전에는 아픈 사람을 만나면 "기도합시다. 괜찮을 겁니다"라고 말했다. 물리적 거리는 가까웠지만 심리적 거리를 멀었다. 그때를 생각하면 얼굴이 화끈거린다. 사람과의 관계는 물리적 거리보다 심리적 거리가 중요하다.

청중과 심리적 거리가 멀면 설교가 남의 속도 모르는 소리가 된다. 신앙생활을 하면서부터 '부모의 기도는 헛되지 않다.'라는 소리를 듣고 살았다. 설교자로서 그런 설교를 한두 번 했다. 현실은 어떤가? 자녀의 신앙생활을 위한 기도가 은퇴 권사가 되어도 여전히 새벽을 깨우고 있다. 자녀들은 마흔 넘긴 노총각이지만 교회와 물리적 거리가 멀다.

'기도하면 응답받는다.'라는 설교를 많이 들은 청중은 물리적 거리가 멀어지자, 영적인 거리 또한 멀다. 설교자와 청중의 심리적 거리가 멀면 설교는 겉돈다. 가슴을 뭉클하게 하는 설교여야 하는데, 심리적 거리, 물리적 거리가 멀게 들린다.

설교자가 설교에서 '믿으면 질병이 떠나간다.'라고 한 뒤 병이 낫지 않으면 청중의 믿음을 탓한다. 몸도 낫지 않으니 믿음도 없는 사람으로 몰아세운다. 결론적으로 설교로 감격스러운 신앙생활을 하는 것이 아니라 청중과 간격만 더 멀어진다.

청중과 간격이 벌어지게 하는 설교는 청중에게 들리지 않는다. 설교자가 청중에게 설교할 때 물리적 거리도 심리적 거리도 가까이해야 한다. 그런 설교가 청중에게 들린다.

설교는 공격이 아니라 감격이다

설교는 공격이 아니라 감격이다. 설교로 청중의 삶을 받아주고 말씀으로 힘을 주면 감격이 된다. 감격하는 설교는 이론만 알려주는

게 아니다. 청중의 삶을 만져준다. 청중의 머리만 건드리는 것이 아니라 삶을 터치해야 감격한다.

예수님의 설교는 공격하지 않고 감격으로 이끄신다.

"한쪽 손 마른 사람이 있는지라 사람들이 예수를 고발하려 하여 물어 이르되 안식일에 병 고치는 것이 옳으니이까 예수께서 이르시되 너희 중에 어떤 사람이 양 한 마리가 있어 안식일에 구덩이에 빠졌으면 끌어내지 않겠느냐 사람이 양보다 얼마나 더 귀하냐 그러므로 안식일에 선을 행하는 것이 옳으니라 하시고 이에 그 사람에게 이르시되 손을 내밀라 하시니 그가 내밀매 다른 손과 같이 회복되어 성하더라. (마태복음 12:10-13)"

안식일을 빙자하여 예수를 공격하려는 사람들 앞에서 예수님은 율법보다 사람이 더 중하다고 하시니 청중이 감격한다.

안식일에 구덩이에 빠진 양 한 마리도 건지신다. 양 한 마리의 소중한 가치를 알기 때문이다. 재산의 가치보다 함께 하는 사람의 가치가 더 중요하다는 것을 보여 주신다.

바리새인들이 안식일을 준수하라는 강요는 언어폭력이다. 삶을 알아주지 않는다. 삶을 알아주지 않는 가르침은 폭력에 불과하다. 언어폭력으로 이어지는 가르침은 공격이다. 예수님은 공격을 앞세우지 않고 삶의 힘듦을 알아주는 감격을 안겨 준다.

예수님의 가르침은 감격이다.

"예수께서 길을 가실 때에 날 때부터 맹인 된 사람을 보신지라 제자들이 물어 이르되 랍비여 이 사람이 맹인으로 난 것이 누구의 죄로 인함이니이까 자기니이까 그의 부모니이까 예수께서 대답하시되 이 사람이나 그 부모의 죄로 인한 것이 아니라 그에게서 하나님이 하시는 일을 나타내고자 하심이라. (요한복음 9:1~3)"

사람들은 맹인으로 태어난 사람을 죄인이라고 한다. 한 사람의 삶을 전혀 모르는 말만 한다. 예수님은 네가 맹인 된 것은 하나님의 영광을 위함이라고 하신다. 사람들과 다르게 말한다. 맹인 된 삶이 힘듦을 아시고 맹인의 눈을 뜨게 하는 것이 하나님의 사명이라고 한다. 예수님은 겉으로 보이는 맹인의 눈만 보는 것이 아니라 맹인의 아픔까지 알아준다. 예수님은 눈만 고친 게 아니다. 상한 마음도 고치신다.

나의 아픔을 알아주면 감격이 된다. 설교는 공격하는 것이 아니라 감격하게 하는 것이다. 지금의 교회를 부임 했을 때 회의 때마다 손을 들고 발언하는 교인이 있다. 웃는 모습을 한 번도 본 적이 없다. 두 부부를 카페로 불러 따로 만났다. ○○○는 웃는 모습이 참 보기 좋다고 했다. 공식적인 모임 시간에 ○○○는 미소 천사라는 닉네임이 있다고 말했다. 교회를 떠나려고 했던 두 부부가 지금은 밝은 미소로 교회를 위해 아름다운 섬김을 실천한다. 설교자는 청중에게 공격이 아니라 말씀으로 사람을 공경할 때, 설교가 들린다.

심리적 간격을 알아주는 설교는 귀에 들린다. 감격을 품은 설교는 가슴을 따뜻하게 만든다. 마음을 만져주는 설교는 청중을 춤추게 한다. 그러자 그 교인은 매 주일 교회 앞에 나와서 다양한 방법을 사용해 전도를 열심히 한다.

설교자는 청중의 삶에 관심이 있어야 한다. 물건 판매하는 장사꾼도 소비자에게 관심을 둔다. 목회컨설턴트 김성진 목사는 《바로 그 교회》에서 다이신 백화점은 고객이 원하는 제품을 팔기로 한다. 고객이 원하는 제품을 판매하니 다이신 백화점에 가면 두 번 놀란다고 한다. 첫째는 상품 종류에 놀란다. 둘째는 포장 단위에 놀란다. 18만 종에 달하는 상품을 진열해 놓았다. 유독 소포장 제품이 많다. 특히 식품매장은 소포장 진수를 느낄 수 있다. 삼겹살 세 점짜리, 생선회 세 점짜리, 심지어 김밥 한 줄짜리 상품도 있다. 아무리 박리다매라고 하지만 그렇게 팔아서 뭐가 남을까 싶다. 이윤을 따지기 전에 먼저 소식(小食)하는 노인의 취향을 배려한 포장이다.

다이신 백화점은 물건을 팔아도 소비자에게 관심이 있다. 들리는 설교는 청중의 삶과 눈물에 관심을 둔다. 청중을 향한 관심이 설교를 들리게 한다. 진심이 느껴지는 설교는 청중에게 감격을 준다.

눈물이 담겨 있는 설교가 선물이다

바리새인들은 눈물을 외면한다. 눈물은 외면하고 정죄만 한다. 예수님은 청중의 눈물에 직면한다.

"한 바리새인이 예수께 자기와 함께 잡수시기를 청하니 이에 바리새인의 집에 들어가 앉으셨을 때에 그 동네에 죄를 지은 한 여자가 있어 예수께서 바리새인의 집에 앉아 계심을 알고 향유 담은 옥합을 가지고 와서 예수의 뒤로 그 발 곁에 서서 울며 눈물로 그 발을 적시고 자기 머리털로 닦고 그 발에 입 맞추고 향유를 부으니 예수를 청한 바리새인이 그것을 보고 마음에 이르되 이 사람이 만일 선지자라면 자기를 만지는 이 여자가 누구며 어떠한 자 곧 죄인인 줄을 알았으리라 하거늘(누가복음 7:36-39)"

눈물을 외면하고 정죄하는 설교는 눈물을 닦아주는 설교가 아니다. 피눈물 나게 하는 설교다. 이를테면 교회 생활을 제대로 하지 않은 교인의 장례 예식 설교에서 '믿음 생활을 제대로 안 하고 주일 성수를 똑바로 못하면 천국 못 갈 수도 있다.'라고 설교한다면 신학적으로는 맞다. 이런 말 듣는 청중은 마음이 닫힌다. 그럴 때, 설교자는 성령님의 위로하심에 초점을 맞추어 유가족을 향해서 위로의 말씀을 전하면 된다.

설교자가 청중의 눈물을 외면하면 청중은 피눈물 흘린다. 설교자가 눈물이 담긴 설교를 위해서 두 가지를 읽어야 한다. 첫째는 성경이다. 둘째는 삶이다. 성경과 삶을 읽을 때 눈물이 담겨 있는 설교를 한다.

감개무량(感慨無量)이라는 사자성어가 있다. 마음속에 느끼는 감동이 헤아릴 수 없을 만큼 크다는 의미다. 설교자는 청중에게 하는 설교가 감개무량이 돼야 한다.

사회 점수를 100점 받아도 행정복지 센터를 모르면 사회생활 빵점이다. 사회 점수 100점 맞는 것은 교육이다. 행정복지 센터를 찾아가는 것이 훈련학교이고 소그룹 모임이다.

설교는 일방적 선포의 시대가 있었다. 감격과 눈물이 먼 설교다. 훈련학교와 소그룹은 어쨌든 청중의 말을 듣는다. 훈련학교와 소그룹 모임을 하면 청중의 답을 듣는다. 설교자가 알고 있는 정답을 내려놓으면 청중의 깊은 아픔과 고민도 알게 된다.

성경에서도 삶을 읽을 수 있어야 한다. 아트설교연구원에서는 등장인물의 마음 읽기 훈련도 한다. "다니엘 6:4-9절의 마음 읽기 예시"이다. 다니엘은 외국인 신분으로 총리가 되었다. 자국민들이 시샘한다. 다니엘을 끌어 내리려고 안달이다. 이런 상황에서 다니엘은 어떻게 행동하는가? 설교자는 다니엘의 입장에서 그 마음 읽기를 한다.

"삶은 끈기다. 하나님은 꺼져가는 등불도 끄지 않으시고 상한 갈대도 꺾지 않으신다. 다니엘은 상황이 바뀌어도 꾸준히 '끈기' 있게 기도한다. 총리와 고관들은 끈기 있게 기도하는 다니엘을 '끊기' 하려고 모의한다. 진짜 삶은 '끈기'지만 가짜 삶은 '끊기'다. 삶의 태도는 두 종류다. '끈기 인생'과 '끊기 인생'이다. 예수님은 잃어버린 한 마리 양을 찾기까지 찾으시는 비유를 통해 하나님 아버지의 사랑은 끈기임을 말씀하셨다.

하나님을 향한 다니엘의 사랑은 끈기였다. 그 끈기의 기도를 끊으려고 30일 동안 인간 감시 카메라로 매 순간 감시한다. 다니엘은 감시자를 의식하지 않고 하나님을 의지하며 꾸준히 끈기 있게 기도한다. 하나님께서는 다니엘의 삶이 끊어지지 않도록 사랑의 끈으로 꼭 잡아 주신다."

마음 읽기는 성경 속에서 하나님의 마음도 읽고, 그 하나님 앞으로 나와야 하는 사람들의 마음도 읽는다.

설교자는 청중의 눈물을 읽어야 한다. 눈물이 담긴 설교를 해야 한다. 눈물이 담긴 설교는 청중에게 잊지 못할 선물이 된다.

석근대 목사

대구동서교회 위임목사이자, 사회교육전문요원과 목회컨설턴트이다.
저서로는 《일상에서 신앙 찾아가기》가 있으며,
NAVER 검색어: 글 바느질과 마음 뜨개질,
blog. naver, com>solom21로 활발하게 활동 중이다.

08

추상적인 설교에서 벗어나라

사고로는 최고, 설교에선 최악

추상적인 것은 사고할 때는 최고지만 설교에서는 최악이다. 인간이 빠르게 사고를 할 수 있는 이유 중 하나는 추상적인 사고 덕분이다. 추상적으로 이미지의 형태를 빠르게 그려내고 거기에 구체적인 이미지를 덧칠한다. 문제는 추상적 사고로 좋은 결과를 내기에는 어려운 점이 많다. 시간도 오래 걸린다.

철학자이자 수학자인 버드런트 러셀은 이렇게 말한다. "인류가 닭 두 마리의 2와 '이틀'의 2가 같다는 것을 이해하기까지는 수 천

년의 시간이 필요했다." 추상화가 구체화로 옮겨지기까지 무수한 과정의 학습이 요구된다. 많은 시간이 요구된다.

사고의 과정만 생각하면 추상화가 최고지만 설교에서는 최악이다. 추상적이라는 것은 구체적이지 않고 막연하다는 의미다. 일정한 형태가 없다. 설교에 이 특징을 적용해보면 막연한 설교가 된다. 포인트가 없는 설교가 된다. 결국 설교가 들리지 않는다.

안타까운 것은 많은 설교자들의 설교가 추상적이고 모호하다. 구체적이지 못하다. 조동범은《상상력과 묘사가 필요한 당신에게》에서 '많은 이가 글을 모호하게 쓴다.'고 한다. 설교자의 설교는 모호해서는 안 된다. 추상적이어서는 안 된다. 구체적으로 포인트가 있어야 한다. 설교가 추상적이면 들리지 않는다.

설교자의 설교가 구체적이지 못한 이유가 무엇일까? 성경의 많은 용어들이 추상적이기 때문이다. 설교자는 추상적인 용어에 익숙해 있다. '믿음', '소망', '사랑', '예배', '기도' 등 … 설교자는 구체적으로 믿음이 무엇인지를 말해주지 않으면서 믿음을 성장시켜야 한다고 설교한다. 기도를 구체적으로 어떤 식으로 해야 하는지를 말해주지 않으면서 기도해야 한다고만 설교한다. 추상적인 것을 구체화 시키는 것이 설교다. 설교가 구체적이지 않으면 설교가 들리지 않는다. 즉 청중의 마음속에 답답함만 준다.

구체적일 때 청중이 삶에서 답을 찾는다

설교는 구체적이어야 한다. 누구도 목표를 잡을 때 추상적으로 잡지 않는다. 추상적인 목표는 힘이 없다. 구체적인 목표가 결정력을 갖게 한다.

부모가 아이를 양육할 때 추상적으로 말하며 양육하지 않는다. 아주대 정신건강의학과 조선미 교수는 이렇게 말한다. "아이들과 의사소통을 할 때는 추상적으로 말하지 마라. 특히 목표와 관련된 이야기를 할 때는 추상적이거나 형식적이지 않고 가능한 구체적으로 정해 주어야 한다." 아이와 의사소통은 추상적으로 하지 말라고 한다. 아이를 성장시키려면 구체적으로 의사소통해야 한다.

교인을 양육하는 설교도 추상적이지 않고 구체적이어야 한다. 설교자는 설교에서 청중에게 목표를 제시한다. 오늘 우리의 삶의 현장에서 하나님의 뜻대로 살아가자는 특정 메시지를 구체적으로 주어야 한다. 설교가 구체적일 때 교인이 하나님의 뜻대로 성장한다.

설교자는 추상적이거나 불명확한 메시지를 제시해서는 안 된다. 김도인 목사는 《설교는 글쓰기다 3》에서 이렇게 말한다. "설교자는 설교를 구체적으로 써야 한다. 추상적인 글은 청중의 마음을 파고들기 힘들다. 그러나 구체적인 글은 청중의 마음을 파고든다. 청중의 마음을 하나님으로 인도해야 하는 설교자는 청중의 눈에 보이듯, 손에 잡힐 듯 분명하고 구체적으로 설교문을 써야 한다. 구체적인 이미지 글에 청중은 하나님과 영적으로 호흡하기 시작한다. 그런 설교가 청중에게 큰 울림을 준다."

추상적인 메시지는 청중에게 들리지 않는다. 울림을 줄 수 없다. 설교자는 설교에서 하나님, 등장인물, 상황, 배경 등을 구체적으로 설명하고 묘사해야 한다. 그럴 때 설교는 들리게 되고 울림을 준다.

설교는 스토리텔링이 돼야 한다. 성경을 스토리텔링으로 청중에게 들리게 해야 한다. 성경을 느끼고, 보고, 만질 수 있도록 해야 한다.

스토리텔링은 추상적인 글이 아니라 구체적인 글이다. 이야기는 언제나 구체적이다. 전래동화는 모호하거나 추상적이지 않고 구체적이다. 할머니가 들려주신 이야기는 아주 구체적이라 흥미진진하다. 무서운 이야기에는 소름이 끼친다. 감동적인 이야기에는 눈물을 훔친다.

무엇보다 설교에서의 적용은 구체적이어야 한다. 리처드 니스벳과 리 로스는 《사람일까 상황일까》에서 호소할 때 구체적으로 하라고 이야기한다. 설교에서 적용은 호소라고 할 수 있다. 그런데 설교자들의 적용을 보면 추상적이고 막연할 때가 많다. '서로 사랑하라'고 적용한다. 청중에게 서로 사랑하는 것이 추상적으로 들린다. 서로 사랑하는 것은 서로의 장점을 찾아주는 것이라고 적용해야 한다. 청중은 이 적용을 듣고 상대의 장점을 찾아주려고 마음을 먹는다.

설교자는 '서로 섬기라'고 적용한다. 청중은 어떻게 섬겨야 할지 모른다. 막연하다. 서로 섬기는 것은 자신을 빌려주라고 적용해야 한다. 상대가 필요로 할 때 자신을 빌려주는 것이 섬기는 것이라고 할 때 청중은 그렇게 실천해야겠다고 다짐한다. 적용이 구체적일 때 청중은 '아멘'으로 화답하고 그렇게 살기로 결단 한다.

설교가 추상적이고 구체적이지 않으면 설교가 들리지 않는다. 청중은 방향을 잃고 방황하게 된다. 물음표만을 열심히 던진다. 삶에서 영적 방황이 그치지 않는다.

VR시대, 설교가 'VR기기'가 돼야 한다

설교는 'VR기기'가 돼야 한다. 필자는 빠르게 변해가는 미디어에 관심이 많은 얼리어답터(early-adopter)라 VR(virtual reality)기기를 구입했다. 눈에 기기를 끼자 놀라운 세계가 펼쳐졌다. 가보지도 않은 세계 곳곳의 땅을 밟는다. 스파이더맨이 날아다니는 뉴욕의 한복판에서 주변을 둘러본다. 최고의 코치가 도와주는 헬스 트레이닝도 가능하다. 설교는 이런 놀라움과 현실을 담은 VR기기가 돼야 한다.

VR기기는 단순히 입체적으로 보이는 3D 형상을 넘어서 간접체험까지 하게 하는 그래픽 기술을 담은 기기이다. 추상적이고 상상이 어려운 일들을 눈앞에 보여줌으로 구체적인 상황으로 보여준다.

설교도 이런 VR기기의 장점을 극대화 시켜야 한다. 추상적인 말씀을 구체적으로 변환시켜야 한다. 시간이 없고, 돈이 없어 갈 수 없는 정글 속에서 등 뒤에 사자의 포효가 귀에 들려지고 눈에 그려지게 해야 한다. 성경의 이야기가 입체적으로 보여지고 들려지게 해야 한다.

설교는 어떤 면에서 싸움이다. 추상과 리얼리티(reality)의 싸움이다. 이런 싸움에서 승리하려면 원칙이 필요하다. 언론인이자 작가인 메흐디 하산은 《모든 논쟁에서 승리하는 법》에서 그 원칙을 이렇게 설명한다. "서론과 본론, 결론을 갖춘 훌륭한 스토리나 내실 있는 스토리는 인류에게 감동을 선사했다. 인간의 뇌는 차갑고 딱딱한 사실만을 받아들이는 생물로 진화하지 않고 스토리텔링을 할 수 있는 존재로 진화했다." 무슨 말인가? 추상적인 정보보다는 구체적인 스토리가 훨씬 더 많은 감정을 불러일으킨다는 말이다. 싸움에서 이기려는 설교는 반드시 눈에 보이도록 선명하고 구체적이어야 한다. 청중은 눈에 보이도록 선명하고 구체적일 때 설교가 들려 반응한다. 설교의 바다 속에 흠뻑 빠진다.

설교가 추상적이지 않고 구체적으로 할 수 있을까? 김도인 목사는 《설교는 글쓰기다 3》에서 이렇게 조언한다. "설교 글을 구체적으로 쓰는 것은 누구나 가능하다. 아래 두 가지를 습득하면 된다.

첫째는 작은 세계를 눈에 보이듯이 정확하게 제시한다. 둘째는 동사를 활용해 쓴다. 동사를 쓸 때 가능하면, 뻔하지 않은 단어로 써야 한다. '걷다'라는 동사를 쓰고자 한다면 '산책하다', '느릿느릿 걷다', '터덜터덜 걷다', '거닐다' 등의 단어를 써야 한다."

VR 기술은 보는 이들에게 희열을 느끼게 한다. 프로그래머의 피와 땀이 섞인 연산의 결과이다. 청중이 하나님의 기쁨을 느끼게 하는 방법은 간단하다. 설교가 들리고 보이도록 피와 땀을 흘리며 투자해야 한다. 현실이 눈앞에 보이는 VR기기에 투자하듯 설교자는 구체적으로 들리고 보이는 설교에 투자해야 한다.

이지철 목사

구미 사랑의교회 청년부 담당하고 있다.
칼빈 신학대학원 목회석사학 과정(M.DIV),
총회 신학원 신학과 수료했다.

Chapter 3
들리는 설교를 하라

설교트렌드
2025
- 들리는 설교

ılılılılılılılılılılılılı

논리적이어야 들린다

설교가 논리적이지 못하다

설교자의 설교가 논리적이지 않다. 국어사전은 논리를 "말이나 글에서 사고나 추리 따위를 이치에 맞게 이끌어 가는 과정이나 원리"라고 정의한다. 곧 논리란 말이, 말이 되게 한다. 글이, 글이 되게 하는 것이다. 말을 한다고 다 말이 되는 것이 아니고 글을 쓴다고 다 글이 되는 것이 아니다.

외국여행 할 때 가장 큰 어려움은 언어 문제다. 어떤 말을 하는지 알아들을 수 없어 답답하다. 다른 언어를 알아듣지 못하는 것은 누구나 이해한다. 하지만 같은 언어를 못 알아듣는 것은 정말 답답한 노릇이다. 한국강단은 외국어로 설교하는 곳이 아니다. 한국말로 설교하는데 청중은 무슨 말인지 알아들을 수 없다고 한다.

장로회신학대학교 김운용 총장은 《현대설교 코칭》에서 나쁜 설교를 이야기한다. "나쁜 설교는 어떤 설교인가? 하나님의 말씀이 희미하여 청중들의 귀에 하나님의 말씀이 전혀 들려지지 않아 여전히 굶주림 가운데 돌려보내는 설교이다."

고려신학대학원 이성호교수도 《설교는 생각보다 쉽게 늘지 않는다》에서 설교의 기본을 이야기한다. "성경이 기록된 하나님의 말씀이라면 설교는 들리는 하나님의 말씀이다. 설교는 청중에게 말로 들려야 한다. 설교의 기본 중 기본은 '들려야 한다'는 것이다. 들리지 않는 설교는 아무리 내용이 좋아도 설교로서 존재 가치를 상실한다."

강단에서 외친다고 다 설교가 아니다. 들리는 설교가 설교다. 만약 청중에게 들리지 않으면 좋은 설교라 할 수 없다. 결국 설교로서 존재 가치를 잃는다.

설교가 들리지 않는 가장 큰 이유는 논리적이지 않기 때문이다. 설교가 논리적이지 못한 이유는 크게 두 가지다.

첫째, 교육의 부재다. 신학교에서 설교는 논리적이어야 한다고 가르치지 않는다. 선배들에게도 들은 적이 없다. 배우지 않았으니 필요성을 인지하지 못했다.

배우고 들은 것은 설교는 성경해석을 잘해야 한다거나, 은혜스러워야 한다거나, 깊이와 넓이 있어야 한다는 등이다. 설교는 그 이전에 논리적이어야 한다. 논리적이지 않으면 설교는 들리지 않는다.

둘째, 설교에 대한 비평이 없기 때문이다. 설교의 영역은 치외법권이다. 지금은 좀 달라졌지만 청중이 설교를 평가한다는 것을 생각조차 할 수 없다. 청중은 설교자의 설교를 듣고 속앓이만 하고 아픔을 청중끼리만 나눈다.

설교자는 설교평가가 하나님을 평가하는 것과 같다고 생각한다. 설교자의 설교비평이 없으니 설교가 논리적이지 않다는 것을 모른다. 대통령이 국민의 지지도 평가를 받는 것처럼, 설교자는 청중에게 설교에 대한 평가를 받아야 한다.

설교는 논리가 중요하다

청중은 감성적 존재이며 동시에 이성적 존재다. 이성적 존재는 논리적이어야 들린다. 수사학에서는 로고스를 '이성' 혹은 '논리'라는 뜻으로 사용한다. 청중이 수긍할 만큼 메시지가 합리적어야 한다는 의미다.

박용규 교수는 《설득의 논리학》에서 논리가 먼저라고 말한다.

"초기의 수사학은 '감동시키기(animos impellere)'에 주력했다. 그러나 시간이 지나면서 수사학은 감동시키기 위한 문학적 표현뿐만 아니라 '확증하기(fidem facere)'를 위한 논리적 표현까지도 개발하기 시작했다. 이유는 논리적으로 타당하지 않은 말은 그것이 아무리 감동적이라고 하더라도 설득력이 떨어진다는 것이 점차 드러나기 때문이다. 인간의 마음은 감성과 이성, 두 개의 날개로 나는 새다." 논리적이지 않으면 감동도 떨어진다. 곧 감성보다 논리가 먼저다.

이성적 존재인 청중의 귀는 논리적이다. 설교가 논리적이어야 하는 이유가 여기에 있다. 어린 청중일지라도 무시하지 말아야 한다. 어르신 청중은 더더욱 무시하지 말아야 한다. 그들도 논리적인 귀는 열려 있다.

마틴 로이드존스는 《설교와 설교자》에서 설교를 논리라고 정의한다. "설교란 무엇입니까? 불붙은 논리입니다! 마음을 움직이는 이성입니다! 두 가지가 서로 모순되는 것 같습니까? 결코 그렇지 않습니다." 김도인 목사도 《설교는 글쓰기다》에서 설교가 논리적이어야 한다고 말한다. "설교가 논리적이어야 하는 이유는 청중이 논리로 '완전무장' 되어있기 때문이다. 청중들이 밀접하게 접촉하는 드라마, 영화, 책 등은 완벽한 논리를 갖췄다. 늘상 논리를 갖춘 콘텐츠를 접하다가 논리가 없는 설교를 듣는 순간 청중의 설교시간은 고역이 된다."

신학교에서 '설교는 선포다'라고 배웠다. 맞는 말이지만 문제가 있다. 설교자는 선포한 것으로 책임을 다했다고 생각한다. 하지만 청중에게 설교가 들리지 않았다면 누구의 책임인가? 설교자는 말씀을 전했기 때문에 책임이 끝난 것인가? 아니다. 설교는 선포인 동시에 설득이다. 설교는 청중을 하나님의 말씀대로 살도록 설득하는 것이다. 청중을 설득하기 위해 설교는 들려야 한다. 들리는 설교를 하는 데 가장 중요하고 첫 번째 되는 요소는 논리다.

논리는 설교의 뿌리다. 나무에서 제일 중요한 것은 뿌리다. 뿌리가 죽으면 나무도 죽는다. 나무의사 우종영이 쓴《나는 나무에게 인생을 배웠다》에 나오는 글이다. "막 싹을 틔운 어린나무가 생장을 마다하는 이유는 땅속의 뿌리 때문이다. 작은 잎에서 만들어낸 소량의 영양분을 자라는 데 쓰지 않고 오직 뿌리를 키우는 데 쓴다. 눈에 보이는 생장보다는 자기 안의 힘을 다지는 데 집중하는 것이라 볼 수 있다. 어떤 고난이 닥쳐도 살아남을 수 있는 힘을 비축하는 시기, 뿌리에 온 힘을 쏟는 어린 시절을 '유형기'라고 한다." 설교자에게도 '유형기'가 필요하다. 설교의 뿌리인 논리를 키우는데 집중해야 한다. 설교가 논리적이지 않으면 나무가 죽듯이 꽃 피우지 못하고 사라진다.

설교는 논리가 중요하다. 논리가 안 되면 예수님을 많이 이야기하고, 성경을 많이 인용해도 들리지 않는다. 들리지 않으면 청중의 영혼은 힘을 잃는다.

논리적이지 않으면 방향을 잃는다

논리는 나침반이다. 논리는 방황을 끝맺게 하고 바른 방향을 제시한다. 길을 잃은 사람에게 방향을 잡아주는 것은 나침반이다. 나침반은 정확한 기준을 갖고 남과 북을 가리킨다. 기준이 정확하면 그 방향으로 따라가면 목적지에 도달한다. 마찬가지로 설교는 논리적이어야 한다. 설교가 논리적이지 않으면 청중이 방향을 잃고 방황한다.

청중에게 이런 말을 종종 듣는다. "오늘 목사님이 30분 설교하셨는데 무슨 말씀을 하셨지?" "갑자기 설교시간에 저런 이야기 왜 튀어나오지?" "오늘도 설교가 엉뚱한 방향으로 빠지셨네."

박영선 목사는 《설교자의 열심》에서 설교자가 논리적 진전을 못 시킨다고 말한다. "한국교회 설교자들이 전체적으로 논리의 진전을 못 시킵니다. 목적은 거창한데 자신이 내린 결론을 이 본문 저 본문, 이 사건 저 사건에서 찾아 열거는 해놓고도 논리적으로 연결을 못 시킨 상태에서 괜히 핏대만 세우다가 끝납니다. 이런 설교를 하면 안 됩니다." 설교가 논리적이지 않으면 설교의 목표를 이루지 못한다. 하나님께서 말씀하고 싶은 방향으로 향하지 못한다. 신·구약성경을 열거만 한 상태로 끝난다. 가장 못 볼 모습인 설교자가 올린 팻대만 본다.

설교자들이 원 포인트 설교를 어려워하는 이유가 무엇인가? 논리력이 없기 때문이다. 논리가 없으면 한 주제를 25-30분 동안 끌고 갈 수가 없다. 팀 켈러는 '그리스도 중심적 설교'를 하라고 말한다. 그리스도 중심적 설교는 성경의 각 부분과 장르를 관통하는 한 가지 주제인 '그리스도'를 중심으로 하는 설교 방식을 말한다. 그리스도 중심적 설교를 위해 필요한 것 역시 논리다. 논리가 없으면 모든 본문을 그리스도 중심적으로 설교할 수 없다.

청중이 설교를 듣고도 방황하는 것은 설교자가 논리에 맞게 인도하지 못했기 때문이다. 설교자에게 설교를 위한 기도와 말씀묵상은 기본이다. 이 기본 위에 첫째로 더해야 할 것이 논리력이다. 논리력은 저절로 키워지지 않는다.

설교자는 논리력을 키워야 한다

설교자는 논리력을 키워야 한다. 논리력을 키우는 방법은 세 가지다. 첫째, 독서다. 좋은 책을 많이 읽어야 한다. 좋은 책은 논리성이 뛰어난 책이다. 가독성이 좋아 술술 읽힌다. 논리적인 글을 읽다 보면 논리적인 구성과 문장이 무엇인지를 알 수 있다.

둘째, 글쓰기다. 글쓰기는 논리성을 키우는데 독서보다 훨씬 효과적이다. 글을 안 써본 사람이 글을 쓴다는 것은 어려운 일이다. 글은 마음처럼 써지지 않는다. 읽는 것은 쉽지만 쓰는 것은 어렵다. 읽는 것과 쓰는 것은 차원이 다르다. 처음부터 잘 쓰려고 하지마라. 카피라이터 정철은 '잘'을 빼고 무조건 쓰라고 말한다. 유시민도 《유시민의 글쓰기》에서 많이 쓰라고 한다. "글쓰기는 타고나는 것이 아니다. 노력해야 한다. 많이 읽어야 잘 쓸 수 있다. 많이 쓸수록 더 잘 쓰게 된다." 무엇이든지 반복하면 잘하게 된다. SBS에서 방영하는 '생활의 달인'이라는 프로그램이 있다. 그들이 달인 될 수 있었던 비결이 무엇인가? 끊임없는 반복이다. 반복하다 보니 어느 순간 달인의 자리에 있게 된 것이다. 글도 반복해서 쓰면 잘 쓰게 된다. 논리적인 글쓰기가 된다.

셋째, 숲을 보고 나무 보는 연습을 해야 한다. 설교는 내용도 중요하지만 구성이 더 중요하다. 설교 원고를 완성하고 전체 구성이 논리적으로 진행되었는지 확인해야 한다. 주제에서 다른 길로 빠진 부분이 있는지 확인해야 한다. 내용이 좋아도 논리적으로 매끄럽지 못하면 설교 구성에서 제외시켜야 한다. 숲을 보지 않고 나무만 보면 방향을 잃기 때문이다.

마크 트웨인(Mark Twain)은 "'거의' 알맞은 단어와 '꼭' 알맞은 단어의 차이는 진짜로 엄청나다. 이 차이는 정말로 반딧불과 번개의 차이다."라고 했다. 논리력은 '거의'를 '꼭'으로 바꾸는 힘이다. 설교자는 논리력을 반드시 갖춰야 한다. 들리는 설교의 출발은 꼭 맞는 논리의 설교다.

이재영 목사

아트설교연구원 부대표이다.
저서로는 《신앙은 역설이다》,
《말씀이 새로운 시작을 만듭니다》,
《감사인생》 등이 있다.

02

논증적이면 들린다

설교는 설명이 아니라 논증이다

설교는 논증이다. 많은 설교자들이 설교는 설명이라고 말한다. 성경을 잘 해석하고 설명해 주면 된다고 생각한다. 설교자의 착각이다. 설명만 하는 설교는 청중을 지루하게 만든다. 청중에게 들리지 않는다. 설교에는 설명이 필요하다. 하지만 설명으로 그치면 안 된다. 설명했으면 논증해야 한다. 설교는 하나님의 말씀을 설명하는 것으로 그치면 안 된다. 하나님의 말씀이 지금도 살아 역사함을 논증을 통해 증명해 주어야 한다.

논증의 궁극적인 목적은 상대방을 설득하는 일이다. 설명만으로 상대를 설득할 수 없다. 논증이 뒷받침돼야 한다. 김용규는《설득의 논리학》에서 이렇게 말한다. "아홉 개의 복잡한 설명보다 한 개의 적절한 예가 더 강한 설득력을 가진다. 따라서 예증법은 고대로부터 뛰어난 웅변가나 설교자, 정치인 그리고 학자들의 사랑을 독차지해왔다."

법정에서 판사가 판결을 내릴 때 가장 중요한 것은 '증거자료'다. 검사나 변호사가 확실한 증거자료 없이 설명만 한다면 재판에 불리할 수밖에 없다. 판사와 방청객을 설득하기에는 역부족이다.

설교도 설명만으로 청중을 설득할 수 없다. 설명했으면 논증해야 한다. 논증도 한두 개로 끝나서는 안 된다. 김도인 목사는《설교를 통해 배운다》에서 "논증의 제1원칙은 논증을 하되 충분히 하라"고 말한다. 계속해서 김 목사는 들리는 설교의 특징 중 하나가 하나의 설명에 대해 논증을 다섯 개 이상 열 개 전후까지라고 말한다. 하지만 설교자는 논증을 두세 개 정도만 해도 많다고 생각한다. 청중은 그렇지 않다. 청중은 충분한 논증을 했을 때 고개를 끄덕인다.

논증이란 주장과 근거를 그 바탕으로 한다. 탁석산은《핵심은 논증이다》에서 이렇게 말한다. "논증은 주장과 근거로 되는 주장으로 이루어진다." 이시한도《논리로 설득하고 스토리로 공감하라》에서 논증은 '이유가 딸린 주장'이라고 말한다. 글은 자기주장, 주장에 대한 근거, 실례로 이루어진다. 여기서 주장에 대한 근거와 주장을 뒷받침할 수 있는 실례가 논증이다. 곧 글의 핵심은 논증임을 할 수 있다. 글의 핵심이 논증이듯 설교의 핵심도 논증이다. 설교자의 주장이 논증으로 뒷받침되지 않으면 설득력을 잃는다. 청중은 설교자의 주장을 받아들일 수가 없다.

예수님은 논증의 달인이셨다. 마태복음 13장에 보면 천국을 비유로 논증하신다. "천국은 마치 사람이 자기 밭에 갖다 심은 겨자씨 한 알 같으니(31절), 천국은 마치 여자가 가루 서 말 속에 갖다 넣어 전부 부풀게 한 누룩과 같으니라(32절), 천국은 마치 밭에 감추인 보화와 같으니(44절), 천국은 마치 좋은 진주를 구하는 장사와 같으니(45절), 천국은 마치 바다에 치고 각종 물고기를 모는 그물과 같으니(47절)" 예수님의 설교에 청중이 몰린 것은 예수님의 설교가 논증적이었기 때문이다.

설교는 설명이 아니라 논증이다. 설명은 설교를 지루하게 한다. 논증은 설교를 들리게 한다. 즉 설교는 논리적이고 논증적일 때 청중에게 들린다.

좋은 논증이 되려면 네 가지 조건을 충족해야 한다

논증에도 '좋은 논증'이 있다. 논증이라고 다 같은 논증이 아니다.

탁석산은 《핵심은 논증이다》에서 '좋은 논증'의 네 가지 조건을 말한다. 첫째, 관련성이다. 전제와 결론이 관련이 있어야 한다. 소방대원 모집공고에 몸무게 75kg 이상인 사람만 지원 자격이 있다고 전제했다. 몸무게가 적으면 인명구조 시 어려움을 겪을 수 있다는 이유에서다. 소방대원은 인명구조만 하는 것은 아니다. 운전이나 행정업무도 할 수 있다. 하지만 인명구조가 최우선이기에 몸무게가 75kg 이상이어야 한다는 것이다. 이처럼 전제와 결론은 관련성이 있어야 좋은 논증이다.

둘째, 전제는 참이어야 한다. 모호한 표현은 지양해야 한다. 어설픈 말은 금해야 한다. 검증되지 않은 것을 전제로 사용해서는 안 된다. 좋은 논증이 되려면 전제가 참이어야 한다. 그래야 결론도 믿을 수 있다.

셋째, 전제는 결론을 뒷받침하기에 충분해야 한다. 결정적인 근거를 제시해야 한다. 누가복음 20장에 나온 이야기다. 서기관과 대제사장들이 예수님께 찾아온다. 예수님 때문에 추락한 권위를 회복하기 위해 예수님을 시험한다. 이를 논증으로 만들면 이렇다.

① 가이사에게 세를 바치는 것이 옳으니이까 옳지 않으니이까.
② 한 가지를 선택하면 다른 것으로 공격하려고 준비 중이다.

③ 따라서 두 가지 가운데 하나를 선택하지 않고, 전혀 새로운 답을 제시한다.

위 논증의 문제는 전제가 둘 다 사실이라고 할지라도 결론을 받아들이기 어렵다는 것이다. 그래서 결정적인 근거를 찾기 위해 예수님은 새로운 답으로 문제를 해결한다. 결과는 예수님의 대답이 맞았다.

① 서기관과 대제사장들이 예수님께 한 질문은 잘못되었다는 것이다.

----

② 따라서 예수님의 권위는 서기관과 대제사장들보다 높다.

위 논증은 전제와 결론이 관련이 있고, 전제가 참이다. 그리고 전제가 결론을 뒷받침하기에 충분하다.

넷째, 반론을 염두에 두어야 한다. 좋은 논증이 되려면 반론을 예상하고 대처해야 한다. 어떤 주장에도 반론은 가능하다. 반론이 가능하지 않은 논증이라면 잘못된 것이거나 좋지 않은 것이다. 완전 무결한 논증은 존재하지 않는다. 반론을 효과적으로 방어하지 못하면 논증은 신뢰를 잃어버린다.

좋은 논증이 되려면 전제와 결론이 관련이 있어야 한다(관련성). 전제가 참이어야 한다(진리성). 결론을 받아들일 수 있을 정도로 전제가 충분해야 한다(충분성). 반론을 염두에 두어야 한다.

설교에서의 좋은 논증도 마찬가지다. 논증은 관련성, 진리성, 충분성이 있어야 좋은 논증이다. 좋은 논증이 설교를 들리게 한다.

다양한 논증에 청중은 반응을 보인다

논증은 다양해야 한다. 설교자들 가운데 보수신학을 한 사람들은 성경을 벗어나면 큰일 나는 것처럼 말한다. 성경에도 논증할 것이 많은데 다른 논증을 할 필요가 있냐고 한다. 그렇지 않다. 청중과 소통하기 위해서는 다양한 논증이 필요하다. 예수님은 다양한 논증을 통해서 청중과 소통하셨다. 시오노 나나미가 쓴 《로마인 이야기》에서는 로마의 강점으로 관용을 들고 있다. 로마는 폐쇄적이지 않았다. 다양성을 인정했다. 청중은 다양하다. 다양한 청중에게 들리게 하려면 논증도 다양해야 한다.

논증은 크게 세 가지로 다양하게 해야 한다. 첫째, 성경 이야기다. 성경을 통한 논증이다. 설교 본문과 관련 있는 성경 구절과 본문을 뒷받침해 주는 성경 사건으로 논증한다. 설교자가 설교할 때 가장 많이 사용하는 논증이다.

논증을 성경으로 하면 장점이 있다. 성경 이야기를 통한 논증은 청중에게 신뢰를 준다. 논증에 권위가 선다. 성경은 하나님의 말씀이기 때문이다. 성경 이야기는 다른 논증을 하고 이후에 방점을 찍을 때 활용하는 것이 좋다. 하나님의 말씀으로 방점을 찍을 때 청중들은 확신하게 된다.

둘째, 자기 이야기다. 자기 이야기는 설교자가 생활에 경험한 이야기다. 경험한 이야기를 논증하면 청중은 귀를 기울인다. 청중은 설교자의 삶에 관심을 가지고 있기 때문이다. 청중도 세상에 발을 딛고 살기 때문이다. 설교자의 경험은 청중이 공감하게 만든다. 같은 고민과 경험을 했기 때문이다. 공감하면 청중은 설교에 마음이 움직인다. 청중에게 설교자 이야기는 어깨동무하며 신앙의 길을 걸어가는 것처럼 힘이 된다. 하지만 주의해야 할 부분이 있다. 설교자의 이야기가 자기 자랑이 돼서는 안 된다. 과장해서도 안 된다. 자기 자랑과 과장은 청중의 귀를 닫아 버린다. 자기 이야기에는 교회 이야기도 포함된다. 교회 이야기는 덕이 되는 것을 해야 한다. 교회를 든든히 세우기 위해 지혜롭게 해야 한다.

셋째, 세상 이야기다. 문화 인류학자 에드워드 홀은 거리에 대한 이야기를 수치로 말한다. 가족과 연인과 같은 친밀한 관계인 '밀접한 거리'는 0-46cm, 서로의 팔 길이에 따르면 46cm-1.2m를 '개인적 거리'로, 의사소통을 편하게 하면서 어느 정도 격식을 차려야 하는 관계다. '사회적 거리'는 1.2-3.6m로 사무적이고 공식적 거리로 회의를 하면서 알고 지내는 사이 정도에서 지킬 거리다. '개인적인 거리'는 설교자가 직접 경험한 것과 관련이 있다면 '사회적 거리'는 설교자가 간접 경험한 것이다.

세상에서의 논증은 전문가가 한 말이나, 명언, 권위 있는 기관에서 발표한 통계 자료, 시, 유머, 영화, 드라마, 책 등이 있다. 이러한 논증은 청중의 마음을 열어주게 만든다. 연결고리를 만들어 준다. 청중도 세상 사람과 더불어 살고 있기 때문이다. 설교자는 세상에서 일어나는 일에 모르쇠가 아니라 깊은 관심을 가져야 할 이유다.

논증은 다리의 교각과 같다. 서로 다른 곳을 이은 다리가 길수록 교각이 튼튼하게 받쳐준다. 교각이 없으면 다리는 유명무실할 뿐이다.

설교자의 설교가 청중에게 들리는 것도 교각이 받침이 되어야 한다. 교각은 바로 논증이다. 논증이 튼튼하고 바르게 서 있을 때, 청중이 설교에 빠져든다.

허진곤 목사

무주 금평교회 담임이다.
한일장신대학교 신학과 졸업,
한일장신대학교 교역학(M.Div) 졸업,
한일장신대학교 기독교교육(Th.M) 졸업했으며,
에세이문예 신인상을 수상했다.

03

현실적이면 들린다

청중의 눈높이를 고려하라

설교는 현실적이어야 한다. 청중은 현실을 살아가기 때문이다. 목회를 하며 많이 들었던 말 중 하나가 현실적이지 않다는 말이다. 청중이 보았을 때 설교자의 설교가 현실적이지 않았던 모양이다. 설교자의 설교가 현실적이지 않으면 청중의 관심에서 멀어진다.

현실적인 설교는 성경의 메시지와 청중의 삶을 연결해 준다. 청중은 성경 속의 사건이 지금 자신과 무슨 상관이 있는지 궁금하다. 그런데 설교자가 성경 이야기만 계속한다면 청중은 금방 흥미를 잃어버린다.

세상은 고객의 눈높이에 맞추기 위해서 노력한다. 고객의 눈높이를 맞추는 것은 고객의 현실에 관심을 가지는 것이다. '가전제품 3대장'이라 불리는 제품이 있다. 세탁 건조기, 식기 세척기, 로봇 청소기다. 한 번 사용하면 다시 과거로 돌아갈 수 없다는 의미에서 3대장이라는 별명이 붙었다. 고객의 눈높이에 맞추니 폭발적인 반응을 불러왔다.

백종원은《백종원의 장사 이야기》에서 "식당을 준비하는 데 있어 제일 중요한 '경험'을 했다면, 그다음은 '눈높이'를 맞추는 것이다."라고 말했다.

설교자도 설교를 준비할 때 성경을 연구했다면, 다음으로 청중의 눈높이를 맞춰야 한다. 청중의 교육 수준은 높아졌다. 2020년 고교 졸업자의 대학 진학률은 72.5%나 된다. 청중의 지식 수준이 높아졌다면, 설교자도 청중의 눈높이에 맞추어야 한다.

설교가 현실적이지 않으면, 청중을 말씀의 세계가 아니라 공상의 세계로 인도한다. 공상은 현실적이지 못하거나 실현될 가망이 없는 것을 상상하는 것이다. 설교가 현실이 되지 않고 공상에 머물러서는 안 된다.

설교자는 청중의 삶의 변화를 열망하며 설교한다. 변화를 불러일으킬 수 있도록 청중의 눈높이에 맞춰야 한다. 그럴 때 청중의 현실과 부합한 설교가 된다.

일상 언어를 사용하라

설교자는 일상 언어를 사용해야 한다. 청중의 현실에 맞는 언어를 사용해야 한다. 설교할 때 원어를 많이 쓰는 설교자가 있다. 원어는 성경 연구에 반드시 필요하다. 원어를 잘 이해해야 성경 본문의 핵심을 파악할 수 있기 때문이다. 그러나 원어 사용은 성경 연구에서 끝내야 한다. 설교 시간에는 원어가 아니라 청중에게 맞는 언어로 바꾸어 설명해야 한다. 원어를 많이 쓴다고 수준이 높은 것을 보여주는 것이 아니다.

조윤제는《말공부》에서 "흔히 전문가라고 하면 전문용어를 남발하면서 어려운 용어를 섞어 말하는 사람으로 오해한다. 하지만 전문가는 어렵게 말하는 사람이 아니라 아무리 어려운 말도 쉽게 풀어서 말할 수 있는 사람이다."라고 말한다.

설교자는 성경에 나오는 전문적이고 신학적인 내용을 일상적인 언어로 바꾸어 말할 능력을 갖추어야 한다. 예수님은 항상 일상 언어를 사용하셨다. 아트설교연구원 김도인 목사는 "성경은 어렵다. 하늘의 언어이기 때문이다. 땅의 사람이 하늘의 언어를 알아듣는다는 것은 전공자가 아니면 힘들다."라고 말했다. 설교자는 하늘의 언어를 청중의 언어로 통역하는 사람이다. 외국어 강의를 들을 때 통역가가 없으면 잘 알아듣지 못한다. 설교자는 하늘의 언어를 청중의 언어로 통역하는 사람이다. 청중이 알아듣도록 일상의 언어로 전달해야 한다. 그러므로 신학의 언어가 아닌 일상의 언어로 설교해야 한다.

청중의 어려움을 이해하라

설교자는 하나님을 잘 알아야 한다. 청중도 알아야 한다. 청중을 아는 것에서 그치지 않고 이해해야 한다. 설교자는 성경을 알려주려고 한다. 청중은 하나님을 만나려고 한다. 하나님을 만나 삶의 어려움을 이해받고, 공감과 위로받기를 원한다.

청중이 성경적 지식만을 원했다면 성경을 많이 읽는 것으로 채울 수 있다. 청중이 설교의 자리로 나오는 것은 말씀으로 위로와 힘을 얻고 싶기 때문이다. 설교자가 청중의 마음을 이해할 때, 청중도 설교자의 설교를 듣고자 한다.

유영만교수는 《생각사전》에서 "감성적으로 융합돼야 이성적으로 융합된다."라고 말한다. 이성에 앞서 감성이 필요하다는 말이다. 청중의 마음과 감성에 다가갈 때, 청중을 이해하는 설교를 할 수 있다.

예수님은 청중을 누구보다 잘 이해하셨다. 예수님을 만난 청중은 어느누구도 상처받지 않고 현실 속의 답을 찾았다. 설교자의 설교를 들은 청중이 잘하는 말이 있다. '오늘 설교에서 상처 받았어!', '오늘 나를 표적 삼아 설교한 것 같아!' 즉 설교를 듣고 은혜보다 상처를 더 받는다. 청중을 이해하지 못해서 벌어지는 촌극이다.

설교는 현실적이어야 한다. 현실적인 설교가 되려면 청중 이해가 먼저 돼야 한다. 청중은 정치가들의 연설을 들을 때 동의가 안 될 때가 있다. 그 이유는 현실적이지 않기 때문이다. 대파 가격, 대중교통 요금, 목욕비도 몰라 낭패를 당하는 경우가 허다하다. 설교자도 청중을 이해하지 못할 때, 청중은 마음이 아프다고 하소연하게 된다.

얼마 전에 어떤 집사에게 설교자 때문에 상처를 받아서 교회를 떠나고 싶다는 하소연을 들었다. 집사는 설교자가 교인을 몰라도 너무 모른다고 울며 통곡했다.

설교자는 청중의 현실을 이해해야 한다. 알고 있는 현실에 맞게 말씀을 풀어내야 한다. 만약 설교자가 청중을 이해하지 못하면 뜬구름 잡는 설교밖에는 할 수 없게 된다. 현실적인 설교를 할 때 청중의 아픈 마음이 행복한 마음으로 바뀌게 된다.

황상형 목사

대구동서연경교회 부목사이다.
영남신학대학교, 영남신학대학 신학대학원를 졸업했다.
공저로 《출근길 그 말씀》이 있다.

04

쉬우면 들린다

쉬우면 들리고 들리면 살아남는다

불확실한 시대, 최대의 화두는 '살아남기'다. 서점에 가면 유독 '살아남기'라는 제목들이 눈에 띄는 이유다. 예를 들면, 《다정한 것이 살아남는다》, 《공감하는 사람만 살아남는다》, 《인간적인 브랜드가 살아남는다》와 같은 책들이다. 만약 《○○는 설교가 살아남는다》라는 책이 있다면, ○○은 무엇일까? 답은 확실하다. '들리'는 이다. 들리는 설교가 살아남는다.

들리는 설교는 쉬운 설교다. 쉬워야 들리고, 들려야 살아남는다.

황현진 작가는《잘 파는 사람은 이렇게 팝니다》에서 세일즈의 기본 기술을 이렇게 강조했다. "복잡한 정보가 난무하는 시대, 쉬운 언어만이 살아남는다. 무조건 쉬워야 한다." 설교도 그렇다. 살아남기 위해서는 무조건 쉬워야 한다.

어려운 설교는 순간적으로 청중을 바보로 만든다. 여전히 많은 설교자들이 어려운 설교가 곧 깊이 있는 설교라고 생각한다. 유독 설교를 어렵게 하던 한 분이 생각난다. 원어를 많이 사용하고, 신학적인 용어를 자주 썼다. 문장의 끝에 '아멘?'을 외쳐 청중의 반응을 유도해 보지만 돌아오는 것은 무반응이다. 무슨 말인지 잘 모르기 때문이다.

물론 원문의 의미를 찾는 일은 중요하다. 그러나 한때, 주석 혹은 원어 성경들을 책꽂이에 꽂아두고 이것을 '성도 제압용'으로 쓴다는 우스갯소리가 여전히 실제 설교로 발현되는 설교자들이 있다. 원문을 쓰지 말자는 이야기가 아니다. 다만 원문을 쓰더라도 쉽게 쓰자는 이야기다. 쉽게 표현해야 청중이 듣고 이해할 수 있다.

쉬운 설교는 감동도 쉽게 준다. 청중에게 은혜를 주려면 무엇보다 쉽게 설교해야 한다. 최형만 목사가 지은《개념으로 산다》의 추천사에는 이런 글이 있다. "복음은 쉬워야 하고, 은혜도 쉽게 소통되어야 한다." 확실히 쉬워야 들리고, 들릴 때 은혜가 생긴다.

설립 30주년을 맞은 꿈의 교회 김학중 감독 역시 자신의 설교 원칙이 '쉬운 설교'임을 밝힌 적이 있다. 국민일보와의 인터뷰에서 말했다. "30년간 지킨 내 설교 철학은 분명하다. 일단 쉬워야 한다. 쉬운 이야기로 감동을 전해주어야 한다." 역으로 말해보면 감동을 주기 위해서는 반드시 설교가 쉬워야 한다는 뜻이다. 만약 당신이 '설교에 대한 감동이 적다'라는 평가를 받는다면 주된 이유 중 하나는 설교가 어렵기 때문이다.

어느 정도로 쉽게 하면 좋은가? 중학생, 우스갯소리로 외계인이라고 불리는 이 아이들이 듣고 이해할 정도면 충분하다. 당신이 이번 주일에 할 설교, 그 설교를 당신의 자녀들에게 먼저 해보자. 아이의 반응이 곧 청중의 반응이다. 크게 다르지 않을 것이다.

'티키타카'가 되면 들린다

설교자는 계속 만나고 싶은 사람이 되어야 한다. 사회생활을 하다가 보면 두 부류의 사람을 만나게 된다. 어떤 말도 쉽게 풀어서 하는 사람, 이야기가 지속되고 티키타카(Tiqui-Taca)가 되는 사람, 계속 만나고 싶은 사람이다. 반면 어떤 사람은 쉬운 말도 어렵게 한다. 늘 서사(序辭)가 길고 부연 설명이 많다. 오래 이야기하면 지친다. 멀리하고 싶은 사람이다. 설교자인 당신은 청중에게 어떤 사람일까? 전자일까 후자일까?

만나고 싶은 설교자가 되는 핵심은 티키타카에 있다. 티키타카는 축구 전술 용어다. 빠르고 짧은 패스로 경기를 풀어가는 전술을 뜻한다. 설교도 축구와 같다. 청중과 티키타카를 하려면 빠르고 짧은 패스를 해야 한다. 천천히 길게 패스하면 무조건 공을 빼앗긴다. 이를 설교에 응용해 보면 간결하고 쉬운 메시지를 청중에게 전달하면 된다. 많은 의미를 담은 긴 메시지를 전하면 청중이 흐름을 놓친다. 간결하고도 쉽게, 티키타카를 하다 보면 청중이 집중한다. 곧 은혜와 감동의 골문이 열리게 된다.

그렇다면 어떻게 청중과 티키타카 할 것인가?

어떻게 쉽고 빠르게, 그리고 정확하게 전달할 것인가?

설교자는 다음의 세 가지를 스스로에게 질문하며 청중에게 메시지를 전달하면 좋겠다.

첫째, 과정부터 말하는가, 결론부터 말하는가?

두괄식 설교가 쉽게 잘 들린다. 여전히 많은 설교자들이 미괄식으로 설교한다. 하고 싶은 이야기를 뒤쪽에 배치한다. 그러나 결론부터 말하는 것이 귀에 잘 들리고 집중도 잘 된다. 정의선 현대차그룹 회장이 신년회에서 자신의 말하기 비법을 밝혔다. "결론부터 말해라 … 보고(내용)부터 하다가 보면 결론이 없고 자신의 생각도 없다." 동일하다. 설교는 포인트를 먼저 말하는 것이 좋다. 필요하다면 마지막에 다시 한번 결론을 재차 강조하면 된다.

둘째, 장문으로 말하는가, 단문으로 말하는가?

예전에 담임 목사님의 원고를 정리한 적이 있었다. 문장이 너무 길었다. 보통 두 줄(A4 기준)이 넘어가고 심한 것은 다섯 줄까지 되었다. 쓰면서도 무슨 말인지 몰랐다. 2~3번씩 읽어도 무슨 말인지 몰라 다시 읽었다. 확실히 문장이 길면 흐름을 놓치게 된다. 글쟁이 대표(주) 백우진 씨는 설교자에게 이렇게 조언한다. "길게 쓰다 보면 주어와 술어가 맞지 않는 비문이 나올 가능성이 높다. 문장이 길면 독자가 이해하기 어렵다." 단문을 쓰면 청중에게 쉽게 들린다.

셋째, 지시 대명사나 접속부사를 많이 쓰는가, 쓰지 않는가?

대부분의 설교자들이 '그리고, 그래서, 그런데, 하지만'을 많이 사용한다. '이, 그, 저'와 같은 지시 대명사를 남발하는 설교자도 있다. 지시 대명사나 부사를 많이 쓰면 문장의 맥이 끊기고 논리적으로 어색한 문장이 된다. 김정선은 《열 문장 쓰는 법》에서 말한다. "지시 대명사나 접속부사가 글을 해치는 요소여서 쓰지 말라는 것은 아니다. 그 나름대로의 중요한 역할을 하는 품사들이다. 다만 한 번 쓰면 저도 모르게 반복적으로 쓰게 되므로 경계할 필요가 있다. 아예 쓰지 말라는 것이 아니라 되도록 쓰지 말라는 거죠" 미국의 교육가이자 작가인 루돌프 플래시는 더 극단적으로 말한다. "'그리고'는 모조리 제거하라. '그래서', '하지만' 역시 없애라." 현실적으로 모두 제거하기는 힘들겠지만, 설교자는 의도적으로 사용하지 않으려는 노력이 필요하다. 그럴 때 설교가 훨씬 잘 들린다.

기억하자. 쉽게 패스하는 법은 결론부터, 단문으로 그리고 지시대명사나 접속부사를 많이 사용하지 않으면 된다. 그럴 때 청중에게 잘 들린다. 티키타카를 잘하는 설교자! 만나고 싶은 설교자가 되는 순간이다.

다이어트를 하면 들린다

대나무 통로를 보며 설교를 생각한 적이 있다. 담양 죽녹원에 가면 대나무를 통과하며 뱃살을 확인할 수 있는 통로가 있다. 세로로 박아 놓은 대나무를 통과하며, 자신의 뱃살 연령을 확인하는 것이다. 위에는 나이대별로 적절한 뱃살의 두께를 적어 놓았다.

'답없음 - 빅사이즈 - 60대(24.39cm) - 50대(22.77cm) - 40대(20.32cm) - 30대(19.21cm) - 20대(17.35cm)'

많은 관광객들이 자신의 나이대별 대나무를 통과하지 못하고 끼었다. 민망한 웃음만 가득했다. 그 자리에 있던 모두는 자신이 대나무에 끼이지 않는 방법을 알고 있다. 다이어트하면 된다. 살을 빼면 대나무 통로를 나갈 수 있다. 설교도 이와 같지 않을까.

많은 설교가 청중의 귀에 끼여서 끝이 난다. 귀를 지나 마음으로, 은혜로 가지 못한다. 설교가 어디엔가 끼여서 들리지 않기 때문이다. 설교문에도 다이어트가 필요한 시간이다. 청중의 귀를 지나 마음으로 쉽게 가도록 만드는 설교문 다이어트가 필요하다.

다이어트의 핵심은 간단함이고, 설교문의 핵심은 간결함이다. 다이어트를 한다면서 많은 음식을 먹는 사람은 없다. 간단하게 꼭 필요한 것들만 먹는다. 마찬가지로 설교자는 간결한 문장을 구사해야 한다. 시어도어 소렌슨은 미국 대통령인 존 F. 케네디의 연설문을 작성했던 유명한 인물이다. 월간조선이 그를 인터뷰했을 때 그는 설명했다. "간결해야 합니다. 저는 구약성서에 나오는 십계명과 같은 문장들을 선호합니다. 길고 복잡한 문장이 낫다는 생각을 버려야 합니다."

설교문 자체가 너무 길면 청중이 이해하기가 힘들다. 《스틱》에서 칩 히스는 이 상황을 이렇게 비유한다. "버튼이 50개나 달려 있는 리모컨은 정작 채널 변경이 힘들다" 무슨 말인가? 설교자의 메시지는 간결해야 한다. 복잡하면 일단 들리지가 않는다.

어떻게 말하면 잘 들릴까?

어떻게 하면 청중의 귀를 쏙 지나갈 수 있을까?

한 가지 주제로 말하자. 다이어트를 할 때 보통은 한 가지 음식만 잘 먹으면 된다. 닭가슴살이다. 설교문도 하나에만 집중하면 된다. 이것저것 다 넣으려고 하면 다이어트에 실패한다. 일리 출판사 이건우 대표는 말했다. "글을 쓸 때 한 가지 생각을 끝까지 끌고 나가야 한다. 여러 가지 생각이 뒤섞여 있는 글을 읽으면 혼란스럽다. 여러 가지 생각이 엉키면 글 속에서 '길'을 잃게 된다. 하나의 생각을 담은 짧은 문장에서는 결코 '길'을 잃을 염려가 없다." 기억하자. 이것저것 다 넣으면 결국 청중의 귀를 통과할 수 없다. 주제'들'이 아니라 주제'만' 붙잡고 설교하자. 다른 주제들은 다이어트로 빼자.

고민과 묵상을 깊게 하자. 다이어트도 '어떻게 성공할까?'라는 고민이 많을수록 성공 확률이 높다. 설교 역시 고민과 묵상이 깊으면 깊을수록 청중에게 쉽게 들린다. 요즘 설교자들의 문제점은 묵상 없는 설교다. 글과길 출판사의 김도인 대표는《설교자와 묵상》에서 스스로의 삶을 이렇게 회고한 적이 있다. "필자가 묵상을 시작하게 된 계기가 있다. 청중이 설교가 들리지 않는다고 말했기 때문이다 … 설교에 대한 청중의 불만이 쏟아지자 필자는 그것이 바로 묵상의 문제라고 단정했다. 그때부터 묵상을 배우려고 몸부림쳤다." 몸부림친 그는 '창조적 묵상법'을 만들고, 묵상과 설교라는 두 마리 토끼를 다 잡았다. 설교자는 본문을 보며 몸부림과 굶주림이 있어야 한다. 그 깊이가 깊을수록 설교는 쉽게 들린다.

다시 처음, 죽녹원으로 돌아가 보자. 다이어트에 성공하여 살이 빠지면 어느 곳이든 통과한다. 넓은 곳은 여유 있게, 좁은 곳은 딱 맞게 나간다. 걸림이나 거침이 없다. 설교자 다이어트를 통해 쉬운 설교를 해야 하는 이유도 여기에 있다. 삶의 현상 속, 청중의 마음속 통로는 다 다르다. 어떤 이는 여유와 넓음으로, 어떤 이는 어려움과 좁음으로. 이 통로를 통과할 수 있는 설교는 오직 날씬한 설교, 즉 쉬운 설교뿐이다.

확실히 설교는 다이어트와 유사하다. 살이 빠지면 나갈 수 있고, 설교가 쉬우면 들리게 된다. 설교자는 쉬운 설교를 해야 한다. 설교문의 완성은 쉬운 설교이다. 설교문의 다이어트, 지금부터 시작하자!

김정준 목사

'다음세대에게는 다음이 없다'라는 마음으로 20년째 다음세대 사역을 하고 있다. 영남신학대학교 신학과와 동 대학원, 전남대 사학과에서 서양사로 석사 학위, 한남대 대학원 기독교학과에서 교회사로 박사 수료 중이다.

저서로는 《다음 없는 다음세대에 다가가기》(글과 길), 《한 권으로 끝내는 교사 교육_이론편》(글과길), 《한 권으로 끝내는 교사 교육_실전편》(글과길)이 있고, <크리스천투데이>에 '다음 세대 다시 보기'를 연재 중이다.

적용적이면 들린다

설교는 적용이 핵심이다

설교에서 중요한 것 중 하나가 적용이다. 찰스 스펄전은 "적용이 시작되는 곳에서 설교가 시작된다."라고 말했다. 적용이 없는 설교는 시작도 안 한 것과 같다. 설교의 목적은 청중의 변화다. 그렇기에 청중을 변화로 인도하는 적용을 목적으로 설교해야 한다.

적용은 성경을 삶으로 연결해 주는 것이다. 김도인 목사가 유명 설교자들의 설교를 분석한 책 《설교를 통해 배운다》에서 청중에게 잘 들리는 설교의 공통점을 찾을 수 있다. 잘 들리는 설교의 공통점은 적용이 많다는 것이다. 청중이 잘 들린다고 말하는 이찬수 목사의 설교에서는 적용이 10번 넘게 등장한다.

설교가 삶으로 연결될 때 청중은 설교에 집중하게 된다. 적용이 없는 설교는 청중에게 잘 들리지 않는다. 청중은 설교를 통해 지적 만족을 얻고자 하는 것이 아니다. 성경 지식을 쌓기 위해서는 성경 공부가 더 알맞다. 청중은 설교를 삶에 적용하기를 원한다. 청중이 설교를 삶에 적용하길 바란다면 설교자는 성경을 삶과 연결해 주어야 한다.

2017년 지앤엠(Grace & Mercy)글로벌문화재단이 실시한 설문조사에서 한국교회 성도 76.2%가 성경에서 답을 찾았다고 이야기한다. 청중은 설교를 통해 답을 찾고 싶어 한다. 청중이 삶의 답을 찾고자 한다면, 설교자는 적용하기 위해 성경을 연구하고 설명하고 논증해야 한다.

잔소리는 사람을 변화시킬 수 없다

설교에서 적용은 중요하다. 그러나 많은 설교자가 적용을 어려워한다. 미국의 설교자 해돈 로빈슨은 "설교 적용은 양파의 껍질을 벗기는 것과 같다. 처음에는 쉬워 보인다. 하지만 껍질을 한 장씩 벗길 때마다 설교자에게 남는 것은 눈물이다."라고 말했다. 국적을 초월하여 모든 설교자에게 적용은 어렵게 다가온다.

적용을 잘 못하면 잔소리로 들리는 경우가 있다. 적용을 의무적으로 하기 때문이다. 잔소리를 정의하자면 '필요 이상으로 긴 사소한 충고나 지시'라고 할 수 있다. 잔소리를 좋아하는 사람은 없다. 청중에게 잔소리는 들을수록 짜증만 나는 소리다.

잔소리의 특징은 맞는 이야기를 기분 나쁘게 한다는 것이다. 자녀들이 가장 듣기 싫은 말이 잔소리다. 잔소리를 듣고 변화되었다는 이야기를 들어본 적이 없다. 청소년들이 가장 싫어하는 것이 선생님과 부모님의 잔소리라고 한다. 그 이유는 맞는 이야기를 기분 나쁘게 하기 때문이다.

아무리 맞는 이야기라도 잔소리는 사람을 변화시킬 수 없다. 설교자는 자신의 설교가 잔소리라고 생각하지 않는다. 매일 똑같이 반복되는 잔소리에 청중은 귀를 닫는다. 또 뻔한 이야기를 한다고 생각한다. 설교는 잔소리로 끝나면 안 된다. 설교는 사람을 변화시키는 적용으로 끝나야 한다.

적용은 보여주는 것이다

적용은 명령이 아니다. 보여주는 것이다. 자녀에게 피아노를 가르치기를 원한다면 피아노 학원에 보내서는 안 된다. 멋진 피아노 공연에 데려가야 한다. 멋진 피아노 공연을 보게 되면 시키지 않아도 스스로 한다.

적용도 '~해야 한다'는 명령이 아니라 보여주어야 한다. 예수님의 설교가 능력이 되는 이유는 변화되는 청중이 있었기 때문이다. 예수님이 하신 적용은 명령이 아니라 보여주는 것이었다. 좋은 적용은 들으면 동기부여가 된다. 시키지 않아도 스스로 하게 된다.

"용서해야 한다."라는 명령식보다 "용서하면 불면증이 사라집니다."라고 적용하는 것이 좋다. 용서할 때 어떤 결과가 나타나는지 보여주는 것이 좋은 적용이다. 용서할 때 나타나는 결과를 보여주는 것이다. "기도해야 한다."라는 명령식보다 "기도하면 기적의 주인공이 됩니다."라고 결과를 보여주는 적용이 되어야 한다.

좋은 적용은 내가 어떤 모습으로 변화될지 보여주어야 한다. 청중은 말씀을 듣고 변화될 자신을 꿈꾼다. 적용이 그 역할을 하는 것이다. 무엇을 해야 한다면 부담이 되지만, 불면증이 사라지고 기적의 주인공이 될 수 있다면 적용을 실천하고 싶은 마음이 생기게 된다.

명령식의 적용이 아니라 보여주는 적용을 할 때 유명강의를 찾아 듣는 것처럼 설교도 찾아서 듣게 된다. 적용만 잘해도 교인은 설교를 찾아 듣는다.

아주대학교 심리학과 이민규 교수는《실행이 답이다》에서 "평범한 사람과 성공한 사람의 차이는 지식이 아니라 실천에 있다."라고 말했다. 통계 자료에 따르면 "행동하는 2%의 사람이 행동하지 않는 사람 98%를 지배한다."라고 한다. 행동하는 사람은 2%에 불과하다는 말이다. 좋은 적용의 설교는 2%의 변화되는 청중을 만들 수 있다.

적용은 사랑이다

적용이 잘 들리는 이유는 적용이 사랑이기 때문이다. 사랑은 작은 소리도 들리게 한다. 사랑의 속삭임은 그 어떤 소리보다 크게 들린다. 아무리 피곤하게 잠든 밤이라도 아이의 울음소리에 부모는 잠에서 깬다. 사랑하기 때문이다.

잔소리와 사랑은 다르다. 잔소리는 보기 싫은 것이라면 사랑은 성장을 위한 것이다. 보기 싫어서 하는 소리와 사랑하기 때문에 하는 말은 분명 다르게 들린다.

하나님의 말씀은 우리에게 사랑이다. 말씀을 주신 것도 예수님을 보내 주신 것도 다 우리를 사랑하셨기 때문이다. 설교의 마지막을 적용이라고 한다면 적용에는 하나님의 사랑이 넘쳐나야 한다.

적용은 청중 사랑이다. 청중이 하나님을 닮도록 도와준다. 청중의 행복한 신앙생활을 돕는다. 청중이 들은 말씀을 삶에서 구현하도록 돕는다. 믿음은 행동으로 드러나야 한다는 야고보서 말씀을 실천한다. 적용을 통해 청중은 하나님을 만난 감격을 누리게 된다. 적용을 삶에 실행함으로 설교를 통해 세상을 살아갈 힘을 얻는다. 적용으로 하나님의 사랑을 확인한다.

하나님의 사랑은 우리 삶과 연결된다. 적용은 설교가 청중의 삶으로 연결되게 만든다. 김도인 목사는 《설교자와 묵상》에서 "결국 선포된 설교가 청중의 삶으로 연결되지 않으면 설교에 실패했다고 할 수 있다."라고 말한다. 아무리 좋은 논증을 하고 좋은 문장을 사용해도 적용이 없으면 소용이 없다는 말이다.

좋은 강연과 설교의 차이점이 사랑이다. 강연에는 사랑이 없다. 그러나 설교는 하나님의 사랑이 있다. 수천 년 전 이스라엘 백성에게 주신 사랑을 지금 이 시대의 그리스도인에게 알려주는 것이 적용이다. 성경 속에 등장하는 수많은 사건이 지금 나와 어떤 관계가 있는지를 알려주는 것이 적용이다. 설교자는 적용으로 하나님의 사랑이 나타나게 해야 한다. 동시에 청중의 삶에 신앙생활의 즐거움을 맛보게 해야 한다.

적용은 삶과 연결된다

적용은 설교를 들은 것으로 그치게 하지 않는다. 적용은 생각으로 그치지 않는다. 적용은 삶과 연결하게 해준다. 청중이 들은 말씀을 적용할 때, 청중은 말씀을 통해 세상에서 어떻게 살 것인가의 해답을 찾는다. 삶과 연결된 적용으로 청중은 설교에 대한 기대감을 갖고 주일마다 행복한 마음으로 예배에 나온다. 삶에 적용된 설교로 일주일을 살아갈 힘을 얻는다.

청중이 적용으로 삶과 연결하고 싶어 하는 것은 하나님의 말씀에 답이 있음을 확신하기 때문이다. 말씀에 답이 있음을 자주 경험하게 하려면 설교가 들려야 한다. 설교가 잘 들리게 하기 위해서는 설교가 적용 적이어야 한다. 이런 의미에서 설교는 적용하기 위해 한다는 말은 맞는 말이다.

20세기 미국의 위대한 전도자인 드와이트 무디는 설교에서 적용의 비중이 70%라고 이야기한다. 설교자가 설교하는 이유가 성경을 해석하기 위함이 되어서는 안 된다. 적용하기 위한 목적으로 설교해야 한다. 청중은 적용을 통해 세상을 하나님의 말씀대로 살고자 한다. 적용이 많으면 청중은 설교 듣는 시간이 내가 삶에서 어떻게 적용할지에 대한 기대감으로 넘친다.

적용하되 삶에 적용할 수 있게 해야 한다. 뻔한 적용이 아니라 낯선 적용이어야 한다. 전부에 요구받은 적용이 아니라 매번 신선한 적용이어야 한다.

적용이 청중 입장에서 좋아야 한다. 좋은 적용은 자신이 어떻게 살아야 하는지가 선명하다. 그래야 삶과 성경이 연결될 수 있다. 들리는 설교는 적용이 많다. 적용이 많은 설교를 할 때 성경이 우리 삶과 긴밀하게 연결된다.

좋은 적용이면 청중은 설교를 듣기 위해 고개를 빼고 듣는다. 삶에서 적용할 마음의 준비가 되어 있다. 설교자의 적용이 좋을 때 청중에게 설교가 들린다.

김현수 목사

행복한나무교회 담임이다.
저서는 《메마른 가지에 꽃이 피듯》이 있다.

공감되면 들린다

현실판, 이상한 나라의 폴

어린 시절 참 답답했던 것이 하나 있었다. 저녁 식사 후 마법에 걸린 듯 TV 앞으로 다가가 봤던 애니메이션이 있다. "우리는 달려간다 이상한 나라로~" <이상한 나라의 폴>이라는 작품의 주제가를 부르며, 하염없이 이야기 속으로 빠져들었다. 폴은 생일 때 받은 한 인형을 통해 이상한 나라로 갈 수 있는 능력을 얻은 주인공이다. 여기서 문제가 시작된다. 극중 등장인물인 어른들은 하나같이 폴의 설명을 알아듣지 못했다.

폴의 입장에선 여친이자, 소꿉친구가 마왕에게 잡혀가 속이 타들어 가고 있었다. 사람들은 그녀를 다른 곳에서 찾는다. 답을 알고 있는 폴의 이야기에 공감하지 못했다. 그의 이야기에 공감해 주는 친구는 오직, 잡혀간 소꿉친구 리나와 애완동물과 인형뿐이다. 그 장면을 볼 때마다 외쳤다. "아니! 왜 저렇게까지 공감을 못하는 거야? 답답하네, 정말! 모두 그 나라에 한 번 가봐야 해!"

성인이 된 지금 <이상한 나라의 폴>은 추억의 뒤편에 있다. 그러나 여전히 현실판 <이상한 나라의 폴>은 방영 중이다. 청중은 외치고 있다. "목사님은 우리가 사는 세계에 한 번 들어와 봐야 해! 왜 저렇게 우리들의 삶을 이해하지 못하는 거야?!" 교인들의 삶에 공감하지 못하는 설교자를 향한 쓴 소리다.

어떻게 설교자가 교인들의 마음을 얻을 수 있을까?

어떻게 하면 설교자의 설교가 청중에게 들릴 수 있을까? 정답은 공감이다.

공감은 서로의 마음을 연결해 준다. 서로를 이어 주는 고리다. 권수영 작가는《공감에도 연습이 필요합니다》에서 말한다. "사람을 매력적으로 만들어 주는 가장 중요한 내적 자산이 바로 다른 사람의 감정을 잘 이해하고 공감할 수 있는 능력입니다. 그렇게 발생하는 매력은 서로를 연결해 줍니다." 공감하면 매력이 생기고, 매력은 서로를 이어 준다. 그러니까 공감을 통해 설교자와 청중이 연결될 수 있다는 뜻이다.

그렇다면 어떻게 공감하면 될까? 설교자는 다음의 두 가지를 잘 기억하면 좋겠다. 선한 것, 그리고 함께 우는 것이다. 이것이 공감의 핵심 열쇠다.

공감, 선한 것으로 연결하라

공감이라고 하면 막연할 때가 있다. 그럴 때 공감에 다가가는 좋은 출발점 중 하나는 '선함'을 표현하는 것이다. 요아힘 바우어 역시 《공감하는 유전자》에서 말한다. "공감은 선한 것에서 시작한다." 선함으로 시작하면 공감에 다가가기 더 쉽다는 말이다.

세상은 확실히 냉정하다. 선함보다는 냉정함으로 타인을 평가할 때가 많다. 가수 지망생들이 출연하는 오디션 프로그램을 보면 쉽게 이해가 된다. 심사위원들도 냉정하지만, 방송을 보는 시청자들 역시 서슬이 퍼렇다. 너무 쉽게 악플을 달기도 한다. 그런 악평이나 악플로 인하여 지망생들이 자살하기도 한다. 이 얼마나 안타까운 일인가.

그런 점에서 설교자는 자신의 설교를 한 번 돌아볼 필요가 있다. 청중이라면 누구나 자신의 상황에 관심을 가져주고, 따뜻한 말을 기대한다. 그런 설교를 듣고 싶어 한다. 그런데 과연 설교자로서 나의 설교는 어떤 색깔을 가지고 있을까. 선함으로 공감에 다가가는 설교인가? 아니면 냉정함으로 청중의 가슴을 후벼 파는 설교인가?

선한 설교라 해서 거창한 것이 아니다. 따뜻함이 있는 설교, 상대방을 배려하는 설교가 곧 선한 설교다. 박진영의 《공감 대화법》에서는 이런 에피소드가 있다. 군 생활 중 허리 디스크치료로 휴가 나온 아들에게 아버지는 이런 말을 한다. "빨리 부대 복귀해라!" 아버지의 마음은 일병 때 병가를 오래 쓰면 좋지 않다는 의도다. 그러나 아들의 입장에선 서운할 수밖에 없다. 비록 마음은 그렇지 않더라도 아버지의 표현에는 따뜻함이 없기 때문이다. 아들에 대한 배려가 없었기 때문이다.

"많이 아프지? 무엇을 좀 도와주면 될까?"라는 작은 말 한마디, 이것이 공감이다. 이것이 선함이고, 상대의 마음을 배려하는 것이다. 교인을 이해하고 선한 마음으로 말씀을 전하면 공감 설교의 시작이 된다. 이해하면 교인과 연결된다. 연결되면 설교자의 설교가 청중에게 들린다. 그런 설교가 공감 설교다.

공감, 그들 가운데 서서 울어라

공감하는 또 다른 출발점이 있다면 그것은 청중과 함께 우는 것이다. 이 방법은 선함으로 공감을 표현하는 것보다 훨씬 더 힘이 세다.

예수님은 우는 자들과 함께 우셨다. 눈물의 힘을 직접 보여주셨다. 이정일 목사는 《문학은 어떻게 신앙을 더 깊게 만드는가》에서 예수님의 공감을 이렇게 설명했다. "예수님을 묘사할 때 자주 등장하는 표현이 있는데, '불쌍히 여기사'가 그것이다. 예수님은 청중의 아픔에 공감하셨다. 나환자에게 서슴없이 스킨십을 강행했다. 사마리아 여인과 말을 섞었다. 나사로의 죽음 앞에서 눈물을 흘리셨다."

함께 우는 것이 최고의 공감이다. 욥기를 보더라도 명확하다. 모든 것을 잃은 욥이 가장 위로를 받았던 때는 욥의 친구들이 함께 울었을 때이다. 욥을 위해 옷을 찢으며 함께 울었던 그때(욥 2:11~13)만이 유일하게 욥이 위로를 받았던 시기다. 예수님 역시 나사로의 가족을 만나러 가셨을 때, 그들과 함께 우셨다(요 11:35). 울음으로 나사로를 얼마나 생각하고 사랑했는지를 직접적으로 보여 주셨다.

바울도 그러했다. 자신이 사랑한 청중 가운데 서서 울었다. 그들 속에서 살았고, 부대끼며 설교했고, 돌을 맞으면서도 찾아가 말씀을 전하고 권면했다. 눈물과 피땀이 어우러지는 진정성, 즉 공감이 이뤄졌을 때 바울의 설교는 전달이 되었다. 그 결과, 고린도를 비롯해 데살로니가 교회의 지역을 자랑스럽게 만드는 교인들이 하나님 나라를 세운 것을 우리는 보게 된다.

또 너희는 많은 환난 가운데서 성령의 기쁨으로 말씀을 받아 우리와 주를 본받은 자가 되었으니 그러므로 너희가 마게도냐와 아가야에 있는 모든 믿는 자의 본이 되었느니라(데살로니가전서 1:6-7).

설교자가 청중과 함께 울 때, 진정한 공감이 이뤄진다. 그때야 비로소 설교자의 설교가 깊게 울리게 된다. 공감의 진공판이 울릴 때, 은혜가 청중의 귀와 마음으로 전달된다.

이지철 목사

구미 사랑의교회 청년부 담당하고 있다.
칼빈 신학대학원 목회석사학 과정(M.DIV),
총회 신학원 신학과 수료했다.

07

묘사를 하면 들린다

부흥강사의 성경 이야기가 잘 들리는 이유

7~80년대 부흥 강사들은 설교 시간에 청중을 웃기고 울리고, 완전히 사로잡았다. 그 내용에 대해서는 긍정적인 평가와 함께 부정적인 평가도 많다. 그러나 한 가지 분명한 것은 똑같은 성경 이야기도 그들의 입을 통하면 사람을 몰입하게 하는 힘이 있다.

사무엘상 말씀을 들으면 다윗이 싸우는 전쟁터에 있는 것 같고, 사마리아 여인의 이야기를 들으면 그녀가 내던진 물동이가 내 발 앞에 떨어지는 기분이다. 부흥 강사들이 들려주는 성경 이야기는 살아서 펄떡이는 활어 같다.

들리지 않는 설교 내용은 건어물 시장의 딱딱한 마른오징어다. 생동감은 없고 삼키려면 꾹꾹 눌러 씹어야만 삼킬 수 있다. 자연스럽게 들리는 성경 이야기가 아니다. 억지로 삼켜야만 하는 설교가 되어 버렸다. 그 차이는 무엇일까?

부흥강사는 성경 상황을 묘사한다. '물동이를 장구 삼아 여자의 일생이라는 노래를 흥얼거린다. 박수로 장단 맞추며 가까이 오는 남자가 있다.' 부흥강사 설교는 '물동이 장구'와 '박수 장단'이라는 묘사를 사용해서 듣는 청중들의 귀만 열지 않고 마음도 열어주니 설교가 잘 들리는 것이다.

많은 설교자는 묘사 대신 설명을 선택한다. 사마리아 우물가 여인의 이야기를 전할 때 날씨를 설명한다. 낮 기온이 고온 다습하다는 말을 하고, 유대인과 사마리아 사람들은 상종하지 않는다는 풍습을 설명한다. 이쯤 되면 청중들은 이미 귀를 닫는다. 장황하게 설명만 하는 설교는 청중에게 들리지 않는다.

루돌프 플레시는 "설명하지 말고 보여주어라."라고 한다. 손에 쥔 붓으로 그리는 그림이 회화라면, 글로 그림을 그리는 것이 묘사다. 설교자가 청중들에게 묘사를 잘 사용하면 설교 내용을 그들에게 보여 줄 수 있다. 묘사할 때 건어물 상회 건조한 오징어처럼 딱딱한 설교가 싱싱한 활 오징어가 된다.

딱딱한 정보만 담긴 성경 해설이나 해석은 청중들에게 온몸을 뒤틀리게 한다. 부흥강사의 입을 통해 전달된 수가성 여인의 모습이 싱싱한 활어처럼 뜀박질할 수 있었던 원인은 여인의 상태를 건드리는 묘사 때문이다. 청중들에게 묘사하면 설교가 잘 들린다.

묘사하면 들린다

설명과 묘사는 다르다. 강의 집필 노동자인 조동범은 《상상력과 묘사가 필요한 당신에게》라는 책에서 '장면이나 정황을 개괄적으로 보여주는 것은 묘사가 아니라고 말한다.'

설명은 정보(情報)다. 묘사는 상황 그 자체. 내가 본 상황이다. 청중이 보게 될 상황이다. '아침 운동을 잠시 나갔다가 공원에 누워 있는 강아지를 보았다.' 이것은 정보다. 내가 운동을 나갔다는 정보일 뿐이다. 내가 나갔던 그때 그 공원에서 강아지를 보았다는 정보이며, 그 강아지가 누워 있다는 정보만 전달했다. 정보를 알려주는 것은 설명이다.

묘사는 내가 본 장면을 그려주는 것이다. 내가 본 장면을 청중들에게 생생하게 보여주는 것이 묘사다. '오늘도 아침 운동을 나갔다. 봄날이라고는 하지만 쌀쌀한 아침인지라 패딩을 입고 걷는 이들이 많이 보인다. 5분 정도 걷다 보니 공원 벤치 아래쪽에 하얀색 털 뭉치가 꼬물거리고 있다. 자세히 내려다보니 하얀 털이 복슬복슬한 말티즈다. 두 손바닥 크기의 강아지가 턱과 배를 땅에 붙인 채 지나가는 사람들을 보며 꼬리를 좌우로 살랑거리고 있었다.' 이것이 묘사다. 정보가 아니라 내가 본 장면을 자세하게 알려주는 것이다. 이런 글을 읽은 청중도 내가 본 장면을 함께 볼 수 있도록 하는 것이 묘사다.

정보만 나열하는 글은 들리지 않는다. 내 눈에 보이고 머리에 그려지는 이야기는 들린다. 묘사는 들리게 하는 힘이 있다. 정보는 귀에서 금방 사라진다. 묘사는 현장에 같이 있는 것처럼 실감 나게 한다. 정보만 전달하는 설교는 청중들에게 이질감을 준다. 묘사는 상황을 보여주기 때문에 설교자와 청중이 동질감을 느낀다. 동질감을 느끼는 설교는 잘 들린다.

뉴저지 럿거스 대학에서 강의하는 마크 도티는 《묘사의 기술》에서 '묘사가 하찮아지는 순간은 언제인가? 절대 없다(never)-시어도어 로스케.'라고 한다. 묘사는 언제나 큰 힘이 있다는 주장이다. "예수께서 성전에 들어가사 성전 안에서 매매하는 모든 사람들을 내쫓으시며, 돈 바꾸는 사람들의 상과 비둘기파는 사람들의 의자를 둘러엎으시고(마태복음 21:12)" 이 모습은 예수님이 성전에서 장사하는 사람들에게 화를 냈다는 말이다. 이것은 예수님이 어떤 일을 하셨는지 알려주는 정보다. 즉 설명만 한 것이다.

예수님께서 이들을 직접 쫓아낸 장면을 묘사하면 청중들에게 보이고 들린다. 눈이 침침하여 동그랗게 생긴 돋보기를 끼고 읽어야 할 종교 지도자들의 율법책은 보이지 않는다. 예수님은 입에 침을 발라가며 돈을 세는 장면과 동전을 쌓고 있는 상을 보는 순간 속상하여 그 상을 180도로 뒤집었다. 가난한 사람들이 바치는 비둘기 제물조차도 바가지요금으로 거래하는 사람들의 의자를 걷어치웠다. 이들의 창피함은 온데간데없고 씩씩거리며 당장이라도 멱살잡고 한바탕할 분위기로 장사꾼들이 떼창 한다. '성전이 밥 먹여 주냐 돈이 밥 먹여 주지'하면서 삼삼오오 모여서 떼창하기 바쁜 장사꾼들이다. 묘사하면 그냥 흘려듣던 정보가 바로 눈앞에서 펼쳐지는 것처럼 느껴진다. 그때부터 청중은 설교자의 입에 집중한다.

묘사는 훈련할 수 있다

묘사는 훈련이 필요하다. 묘사 훈련에는 두 가지가 있다. 첫째로는 역동적인 동사를 쓰는 훈련이다. 둘째로는 오감을 활용한다.

첫째, 역동적인 동사를 사용한다. 샌드라거스는 《묘사의 힘》에서 '힘이 약하고 정적인 동사 대신 힘이 강하고 역동적인 동사를 사용하여 글을 생동감 있게 하라'고 한다. '아파트 주민끼리 싸우는 소리 때문에 시끄럽다.'라는 문장보다 '3층에 사는 3년 차 고시 준비생 남자와 두 남매를 키우는 4층 아주머니가 침이 튀도록 소리 지르며 삿대질한다.'가 생동감 있다.

정적인 동사 '시끄럽다.' 대신 동작을 보여주는 '침이 튄다.'와 '삿대질한다.'의 동사를 사용했기 때문이다. 막연한 말보다 구체적인 행동으로 나타나는 단어를 쓰는 것이 묘사다. 이런 훈련을 하는 것이 묘사 훈련이다.

'퇴직을 앞둔 중년들은 불안한 미래를 걱정한다.' 대신에 '핸드폰을 이용하여 한 번쯤 부동산 투자를 검색해 본다.' 또는 '로또 판매점 앞을 지날 때는 '한 번쯤 사볼까?' 하는 마음에 괜히 지갑을 만진다.'로 표현한다. '걱정한다.'라는 정적인 동사를 '핸드폰 검색하는 동작'으로 '로또 판매점 앞에서 지갑을 만지는 동작'으로 묘사한 것이다. 정적인 동사 대신 움직임을 표현하는 역동적인 동사와 장면을 훈련하는 것이 묘사 훈련이다.

둘째, 오감을 활용한다. 김도인목사는 《설교는 글쓰기다 3》에서 들리는 설교에서 보이는 설교를 위해 오감을 활용하라고 말한다. 단순한 정보가 아니라 감각을 자극하는 단어를 사용하는 것이다. '교복 입은 학생이 서 있다.' 이것과 '노란 치마에 녹색 재킷 교복을 입은 여학생이 서 있다.' 이 두 문장은 완전히 다르다. '교복'은 정보다. '노란'과 '녹색'은 감각을 자극하는 단어다. 이런 단어를 사용하는 훈련이 묘사를 훈련하는 방법이다.

아침에 지각한 상황을 단순히 설명하면 다음과 같다. '자동차 시동을 걸기 위해 운전석에 탔다. 시동이 걸리지 않아서 결국 지각했다.' 이 상황에 오감을 덧입혀 묘사하면 '갈색 시트 운전석에 앉아 안전띠를 딸깍 채웠다. 은색 자동차 열쇠를 꽂고 시계방향으로 15도 돌렸는데 아무런 소리도 없고, 떨림도 없다. 몇 번이나 열쇠를 돌려 본 후에 조수석에 놓아둔 검은색 핸드폰을 바라본다. 회사로 전화해야 하나?' 이렇게 '갈색' '딸깍' '은색' '시계방향 15도' 등 오감을 나타내는 단어를 사용하는 것이 묘사다. 그때부터 운전자의 행동을 내가 하는 것처럼 보이고 들린다. 설교에도 이렇게 묘사를 사용하면 청중들에게 들리는 역동적인 설교가 된다.

설명하는 문장은 '김치찌개 주문해서 점심을 먹었다.'로 끝나지만 오감을 나타내는 문장으로 묘사하면 달라진다. '김치찌개가 나왔다. 김이 모락모락 올라오는 새콤한 김치찌개 냄새가 코를 자극한다. 찌개 속에 들어 있는 돼지고기도 씹는 맛이 좋지만 난 몽글몽글한 두부가 더 좋다. 뜨겁지만 하얀 두부가 입안에 들어오는 순간 매끄럽게 뭉그러진다. 김치가 빨갛게 단풍나무처럼 물들었다. 오래 묵은 김치로 만든 김치찌개는 하얀 쌀밥과 함께 입에 쏙 들어간다. 뜨거운 국물과 함께 입안은 화상을 입은 느낌이다. 하지만 이 시간만큼은 행복하다.' 오감을 활용한 묘사 훈련은 설교를 한층 더 잘 들리게 한다.

위 두 가지 훈련 방법으로 성경 이야기를 전달하면 아래와 같다. 먼저 정적인 모습 대신 움직임을 묘사한 경우다.

누가복음 19장, 삭개오의 상황을 나타내는 동사는 '삭개오가 예수를 보기 위해 돌무화과나무에 올라갔다.'이다. 삭개오의 동작을 나타내는 묘사로 바꾸면 '보통 사람들보다 머리만큼 키가 작은 삭개오는 다리도 짧아 걸음걸이가 늦어 예수님 계신 곳에 30분 늦게 도착했다. 예수님은 보이지 않고 뒤꿈치를 들고 서 있는 사람들의 뒷모습만 보인다. 어릴 때부터 놀았던 돌무화과나무에 다람쥐가 오르듯 올라 명당 자리를 잡고 궁둥이를 붙이고 앉았다. 떨어질세라 왼손으로 나뭇가지를 붙잡고 예수님을 내려다보고 있다.' '상황 동사' 대신 '동작 묘사'로 바꾸면 설교는 청중들에게 잘 들린다.

오감을 활용한 묘사를 하면 청중들에게 들리는 설교를 할 수 있다. 뻔한 설교로 하는 문장 설교는 '하나님 은혜로 홍해 바다가 갈라졌다.'로 끝난다. 이 장면을 묘사하는 문장으로 설교하면 달라진다. 설교를 듣는 청중의 태도가 바뀐다. '불안하게 뒤편만 바라보던 이스라엘 백성들의 눈이 달라진다. 이제 애굽 군대가 쫓아오는 뒤편을 바라보는 사람은 아무도 없다. 이스라엘 백성들은 바다가 갈라진 모습을 보면서 걸어갈 생각을 하지 않는다. 어느 순간 파도 소리도 멈췄고, 백성들의 원망 소리도 들리지 않는다. 구름이 침을 삼키는 소리조차 들릴 것 같은 순간이다. 이제 그들은 더 이상 문제를 보지 않는다. 하나님의 일하심을 본다. 홍해가 갈라지던 순간, 이스라엘 백성들의 눈동자에 애굽 군대의 전차는 사라지고 갈라진 바다 저 너머엔 희망만 남았다.'

설명만 하는 설교는 들리지 않는다. 설명이 묘사로 바뀔 때 청중들 눈과 귀는 설교자의 입을 향하게 된다. 설교가 들리기에 그렇다.

석근대 목사

대구동서교회 위임목사이자, 사회교육전문요원과 목회컨설턴트이다.
저서로는 《일상에서 신앙 찾아가기》가 있으며,
NAVER 검색어: 글 바느질과 마음 뜨개질,
blog. naver, com>solom21로 활발하게 활동 중이다.

08

소설을 활용하면 들린다

사람들은 이야기에 귀를 기울인다

한때 모 건강기능 식품의 광고가 인기를 끌었다. '남자에게 좋은데 설명할 방법이 없네.' 이게 끝이었다. 어떤 성분이 있는지, 어떤 영양소가 어떻게 작용하는지 아무런 정보를 말하지 않았다. 그런데 소비자들은 반응한다. 광고 속에 정보는 없지만 말하지 않은 남자들의 고민이 이야기처럼 들려오기 때문이다. 사람들은 정보보다 이야기에 주목한다.

신형 자동차를 광고하는 TV 광고를 보면 자동차 성능을 말하지 않는다. 자동차의 길이가 얼마인지, 엔진 출력은 얼마인지, 어떤 편의 기능이 있는지. 그런 정보들을 구구절절 말하지 않는다. 대신 자동차를 타는 사람의 삶을 보여준다. 도시를 벗어나서 시원하고 자유로운 표정으로 외곽을 달리는 모습. 자동차 문을 열어 놓고 가족과 함께 캠핑하는 모습. 자동차 광고인데 자동차보다는 운전자의 달라진 삶을 보여준다.

사람은 정보에 주목하기보다 이야기에 주목한다. '얼마나 좋은 차'인지 정보를 전달하기보다 '이 차를 사면 이런 삶을 누린다.'를 보여준다. 차주가 누리게 될 삶을 이야기 해주는 것이다.

이런 방식의 원조는 하나님이다. 하나님은 사람들이 꼭 알아야 할 신학을 이야기로 알려 주신다. '모든 사람이 죄인이다.'라는 내용을 외우라고 설명하지 않으신다. 대신 첫 사람 아담과 하와의 이야기를 들려주신다. 죄의 결과를 구구절절 나열하지 않으신다. 대신 아담이 하와에게 책임을 미루고 있는 이야기를 보여주신다. 사람들이 기억하는 것도 귀를 기울이는 것도 정보가 아니라 이야기다.

설교에 소설을 활용하면 들리는 설교가 된다

들리는 설교를 위해서 소설을 활용하면 된다. 소설은 이야기로 구성되어 있기 때문이다. 소설을 구성하는 세포가 이야기다. '흥부 놀부'는 형 놀부가 동생에게 돌아갈 재산까지 가져가는 모습도 이야기다. 동생이 형을 찾아가 도움을 요청하는 것도 이야기다. 제비 다리를 고쳐 주는 것. 박을 타서 부자가 되는 것. 그 모든 순간순간이 이야기다. 이야기로 구성된 소설을 설교에 활용하는 순간 그때부터 청중의 귀는 설교자를 향한다.

'기다림 끝에 응답이 온다.'라는 주제를 설교할 때 헤밍웨이 소설 《노인과 바다》의 이야기를 활용하면 잘 들린다. 헤밍웨이 소설 《노인과 바다》에는 물고기를 잡지 못하는 노인 산티아고가 등장한다. 그 노인은 무려 84일 동안 물고기를 한 마리도 잡지 못했다. 그중에서 물고기를 잡지 못한 날이 40일이 지나자, 노인은 혼자가 되었다. 그전까지 노인과 함께 배를 타던 소년까지 떠나버렸다. 이후 시간이 흘러 45일, 50일, 60일. 70일, 80일, 84일이 되어도 한 마리의 물고기도 잡지 못한다. 그러나 그는 포기하지 않는다. 85일째 되던 날. 노인은 여느 때보다 일찍 나갔고, 평소보다 더 먼 바다로 나갔다. 그리고 그곳에서 그 누구도 잡아 본 적 없는, 그 누구도 본 적 없는 크기의 물고기를 잡는다. 그동안 물고기를 잡지 못했기 때문에 더 멀리 나가 보았다. 그 결과 자신이 생각하지도 못했던 크기의 물고기를 잡는다. 그러니 그동안 침묵의 60일과 70일은 그 물고기를 준비하는 과정이 된다. 정말 포기하고 싶은 마지막 84일은 이제 곧 새로운 역사로 이어지는 마지막 연결의 시간이다.

우리 삶에도 물고기 못 잡는 시간이 있다. 사람들도 다 떠나는 40일 고난. 외로운 고난. 정말 이대로 끝나면 어쩌나? 싶은 좌절의 고난도 있다. 그러나 잊지 말아야 할 것. 이대로 끝나지 않는다는 것이다. 이 고난을 통해서 하나님은 새로운 일을 열어주신다. 이 고난은 과정이 되고 우리는 하나님을 경험하게 된다. 지금 버티기 힘들다고 여겨지는 이 순간이 어쩌면 81일, 83일일 수 있다. 우리가 기도하며 기다리는 이 순간, 하나님의 응답은 다가오고 있다.

'기도하고 기다리면 응답됩니다.' 이 말만 반복하는 설교는 들리지 않는다. 그때 소설 속 이야기와 함께 전달하면 청중에게 들리는 설교가 된다.

다양한 소설을 활용할 수 있다

설교에 활용하는 소설이 꼭 노벨문학상 작품일 필요는 없다. 그림동화도 소설이고, 전래 동화도 소설이다. 중요한 것은 어떻게 활용하는가? 의 '활용 방법'이다.

청중이 잘 모르는 소설은 최대한 단순하게 요약해 주어야 한다. 전체 내용을 다 요약할 필요도 없다. 핵심 되는 부분만 잘라서 보여주면 된다.

프랑스 소설 《고리오 영감》 속에 주인공 고리오 영감은 두 딸을 위해 모든 것을 다 해주려고 한다. 두 딸은 아버지에게 수시로 찾아가서 돈이 필요하다고 말한다. 그렇게 딸들에게 하나하나 뜯기던 고리오 영감은 점점 초라한 늙은이가 되어 버리지만 딸들은 아버지의 상태에 대해 관심이 없다. 자신들의 목걸이를 사기 위해 아버지는 생명의 진액을 짜내고 있는 것도 모른다. 아니 관심이 없다. 목걸이만 쳐다보느라 아버지를 보지 못했다.

그렇게 고리오 영감은 딸들을 위해서 살다가 죽어간다. 그러면서 더 이상 돈이 없는 자신에게 오지 않는 딸들을 생각하며 이렇게 말한다. "나는 그 애들에게 내 생명을 주었지만, 딸들은 오늘 나에게 단 한 시간도 안 준단 말일세!"

어쩌면 우리 삶도 고리오 영감의 딸들을 닮았는지도 모른다. 하나님 아버지를 향한 간절함보다, 이 땅에 내 삶의 문제에만 간절하다. 하나님의 사랑을 모르는 것은 아니다. 그런데 하나님을 향한 내 마음은 그리 급하지 않다. 지금 급한 다른 것 때문에, 하루하루 살아가는 일상 때문에 하나님을 향해서는 틈을 잘 내지 않는다.

발자크의 소설 《고리오 영감》을 인용한 설교다. 여기서 핵심 줄거리는 언급하지만 다른 이야기는 다 생략했다. 전체에서 아버지에게 무관심한 딸들과 그래도 그 딸을 사랑하는 아버지의 모습만 잘라서 보여주었다. 그리고 그 모습을 하나님과 교인의 삶으로 연결했다. '하나님을 사랑합시다.'라는 메시지를 명작 소설을 활용해서 전달하면 잘 들리는 설교가 된다.

청중이 잘 아는 전래 동화 같은 소설은 이야기에 낯설게 접근하면 좋다. 다음은 필자의 설교집 《하나님 대답을 듣고 싶어요》에서 전래 동화를 활용한 설교 내용이다.

전래 동화 중 금도끼 은도끼 이야기가 있다. 나무꾼이 나무를 하다가 잃어버린 도끼를 찾는 이야기다. 사람들이 이 동화를 좋아하는 이유가 있다. 금도끼 은도끼를 받아서 좋아하는 것이 아니다. 금도끼 은도끼를 '지금' 받았기 때문에 좋아한다. 산신령이 사랑받는 이유는 쇠도끼가 빠지자마자 등장했기 때문이고, 산에 내려가기 전에 도끼 세 자루를 손에 쥐여줬기 때문이다.

이야기를 조금 바꾸어서 이렇게 전개되면 상황이 달라진다. 산신령이 나타나서 나무꾼에게 말한다. "이 금도끼가 네 것인가?" "아닙니다." "이 은도끼가 네 것이냐?" "아닙니다." "그래. 정직하구나. 너는 정직하기 때문에 앞으로 2년을 기다리면 쇠도끼를 돌려줄 것이고, 10년을 기다리면 은도끼를 줄 것이다. 언젠가는 금도끼도 줄 것이다. 그러니 너는 이 산과 숲을 떠나 내가 네게 지시할 땅으로 가라."

누가 산신령 말 듣고 그냥 빈손으로 가겠는가? 그 자리에서 산신령을 설득한다고 금식하는 사람도 나오고, 100일 작정 기도 하는 사람도 나올 것이다. 그것도 아니면 직접 도끼를 찾겠다고 물에 뛰어드는 사람도 생긴다. 왜 그런가? 기다림은 내가 원하는 응답이 아니기 때문이다. 사람들은 빨리 응답 되는 기도가 능력 있는 기도라고 생각한다. 그렇지 않다. 하나님 뜻대로 응답 되는 기도가 능력 있는 기도다.

잘 아는 소설을 낯설게 뒤집었다. 그러면서 '빠른 응답'보다 '바른 응답'이 중요하다는 메시지를 이야기했다. 그냥 말하면 뻔한 이야기라 귀를 닫는 메시지이지만 전래 동화 이야기와 함께 전달하니 귀를 여는 관심 있는 이야기가 된다.

사람들은 이야기에 주목한다. 세상도 꼭 필요한 정보는 스토리 속에 담아서 전달하려고 한다. 들리는 설교도 동일하다. 스토리가 있어야 들리는 설교가 된다. 그래서 소설 활용은 선택이 아니라 필수다. 지금도 나는 최소 2-3주에 한 번은 소설을 설교에 활용한다. 그것이 아니라면 영화나 드라마라도 활용한다. 그 속에 이야기가 있기 때문이다. 소설을 활용한 이야기가 있는 설교는 청중에게 들리는 설교가 된다.

박명수 목사

장안동 사랑의교회 담임이자 설교목회연구원 대표이다.
저서로는 《하나님 대답이 듣고 싶어요》,
《하나님 순종이 어려워요》 등이 있다.

설교가 쉽고, 흥미롭고,
깊이가 있으면 들린다

"박 목사! 설교는 쉬워야 해. 중학교 1학년이라도 알아듣도록 설교 해 봐. 중학생에게 이야기하듯이 쉽고 자연스럽게 해봐!"라고 정필 도 목사님께서 필자에게 하신 말씀이다.

필자는 미국 유학을 마치고 부산의 모 교회로 부임하게 되었다. 몇 개월간 강단에서 새벽 설교, 수요 설교를 하게 되었다. 미국 신학 교에서 배운 대로 강해 설교를 꾸준히 하였다. 3~4개월이 지난 후 담임목사님께서 우리 집에 심방을 오셨다. 이런저런 이야기를 해 주시다가 마지막에 설교 이야기를 하셨다. "박 목사님은 대학교수

같아요. 내용은 좋은데 교수처럼 설교하니 좀 쉽게 해봐요."

목사님의 경험에 의하면 설교는 쉬워야 한다는 것이었다. 이 말씀을 듣고 한 대 얻어맞은 듯했다. 그러나 그 말씀을 곱씹어 보니 양약과 같은 소중한 말씀이었다. 좋은 멘토를 주신 하나님께 감사하는 시간이었다.

그날 이후 필자는 늘 생각한다. 어떻게 하면 청중에게 들리는 설교를 할 것인가? 어떻게 하면 청중이 쉽게 알아들을 것인가? 진리의 말씀을 은쟁반의 금 사과와 같이 전달할 것인가? 그 이후 나름의 설교 철학을 세워보았다. 청중에게 들리는 설교를 하려면 "설교가 쉬워야 하며, 흥미로워야 하지만, 깊이가 있어야 한다."

설교가 쉽고 흥미롭고 깊이가 있으려면 청중에 대한 사랑이 깊이 뿌리내려 있어야 한다. 팀 켈러는 그의 책 《설교》에서 "설교가 염두에 두어야 할 두 가지 근본 대상은 '성경 말씀'과 '듣는 사람'이다. 건강한 설교는 두 가지 사랑에서 나온다."라고 말했다. 설교자가 성경 말씀을 사랑하는 것은 당연하다. 더욱이 설교자는 청중을 사랑하는 마음이 있어야 쉽고 흥미롭고 깊이 있는 설교를 할 수 있을 것이다.

들리는 설교는 쉬워야 한다. 중학교 1학년이라도 알아들을 수 있도록

이단은 다 알아듣게 이야기한다

2001년 어느 날, 이단에 빠진 집사 한 분이 찾아왔다. 자신이 출석하고 있는 이단 교회의 목회자와 공개토론을 해 달라는 부탁이었다. 당시 요한계시록을 전공한 필자는 당당한 마음과 자세로 공개토론에 임하였다. 우리는 3명의 목사가 나섰는데, 상대 이단 측에서는 40여 명이 나왔다. 잠시 당혹스러웠으나 입에 침을 튀겨가며 논쟁하였다. 신학교에서 배운 헬라어와 영어 성경을 들먹이면서 토론하였다.

2시간여가 지났음에도 토론은 기차 레일을 달리듯 평행선만 긋고 있었다. 그러자 이단 측 목회자가 그 집사에게 질문하였다. "집사님은 내가 설명하는 것이 쉬워요? 저 목사가 설명하는 것이 쉬워요?" 그 집사는 당연하다는 듯이 이단 측 목회자의 설명이 쉽다는 것이었다. 아무리 헬라어를 들이대고 영어 성경을 말해도 평신도의 입장에서는 소귀에 경 읽기이었다. 얼굴이 홍당무처럼 달아오르는 경험을 하였다.

그 사건 이후로 또 한 번 배우고 다짐하였다. 설교는 쉬워야 한다! 중학교 1학년이라도, 아니 어린아이라도 알아들을 수 있도록 쉽게 해야 하겠다!

설교는 명료해야 한다.

요즘 한국 교회는 평균 연령이 상당히 높아졌다. 많은 교회의 예배 현장을 보면, 노인 비율이 점점 높아져 가고 있다. 젊은 설교자가 설교할 때 목소리를 높이지 않으면 잘 들리지 않는다고 불평하는 소리가 들린다. 연세가 들수록 청력이 떨어지기 때문이다.

설교는 쉬워야 하지만, 또한 잘 들려야 한다. 믿음은 들음에서 난다고 우리는 늘 강조해왔다. 그런데 설교 말씀이 잘 들리지 않는다면 어떻게 믿음이 성장하겠는가? 그러므로 설교자는 그 목소리가 명료하게 들리도록 해야 한다.

유진 피터슨은 그의 책 《비유로 말하라》에서 언어의 중요성을 이렇게 말한다. "언어는 모음 하나하나, 자음 하나하나까지 모두 하나님이 주신 선물이다. 하나님은 우리를 창조하시고 우리에게 명령하기 위해서 언어를 사용하신다."

하나님의 말씀은 언어로 쓰였고 말로 전달되었다. 설교는 말로 전달하는 커뮤니케이션이다. 그러므로 목소리가 명료해야 하며 간결한 단문을 사용해야 한다. 청중은 원고를 보는 것이 아니라 말씀을 듣기 때문이다. 간결하며 명료하게 전달하면 그 목소리도 확신을 줄 수 있게 된다. 설교자가 확신을 갖고 설교한다면 청중은 가랑비에 옷 젖듯 말씀에 젖어 들게 될 것이다.

옛날에 자랑하기를 좋아하는 개 한 마리가 있었다. 그 개가 특별히 자랑하는 것은 자기가 아주 잘 달리는 선수라고 하는 것이었다. 그런데 하루는 그 개가 토끼 한 마리를 쫓아갔는데 그만 놓치고 말았다. 그것은 개망신이었다. 다른 개들이 마구 놀렸다. 그러자 그 개의 대답이 걸작이었다. "자네들이 알아야 할 것은 그 토끼는 목숨을 위해서 뛰었고, 나는 그냥 저녁 식사 거리를 위해서 뛰었다는 점일세!"

설교자는 그저 저녁 식사 거리 정도를 만들기 위해 준비해서는 곤란하다. 내 설교를 듣고 죽어가는 한 생명이 살아나야 한다는 심정으로 설교를 준비해야 할 것이다. 그리고 그런 심정으로 전해야 할 것이다. 쉽고 명료하게 그리고 확신을 가지고 전해야 잘 들리는 설교가 될 것이다.

들리는 설교는 흥미로워야 한다

논리도 중요하지만, 관계가 중요하다.

설교에 있어 제일 중요한 것을 든다면, 논리와 구성이라고 말할 수 있을 것이다. 본문을 연구하여 메인 아이디어를 찾아야 한다. 본문이 말씀하는 바를 한 문장으로 말할 수 있어야 한다. 그리고 그

메인 아이디어를 중심으로 논리적으로 구성해야 한다. 논리성과 구성이 사람을 설득하기 때문이다.

논리성과 구성은 설득의 힘이 있지만, 한 가지 부족한 점이 있다. 그것은 감정이다. "아니, 내 이야기가 틀렸어? 장로님들은 왜 저래?" 많은 젊은 목회자들은 푸념한다. 본인의 생각한 대로 결론이 나지 않자 당회 후에 목사가 하소연한다. "내 말이 사리에 맞고 교회에 유익한 것인데, 그러면 무조건 오케이 해줘야 하는 거 아니야? 최소한 지지라도 해줘야 하는 거 아닌가?" 답답한 마음에서 나오는 푸념이다.

누군가가 별거 아닌 이야기를 꺼냈음에도 상사나 교우들이 괜찮은 아이디어라며 칭찬하는 경우도 있지 않은가? 맞는 말이긴 한데, 내 마음에 드는 사람이 맞는 말을 하니 그 말이 더 맞는 것 같다. 같은 내용이지만, 관계가 좀 어색한 사람이 말하면 오케이를 하기 쉽지 않은 것이 사실이다.

결국, 내용보다는 사람이고, 관계가 중요한 것이 인간관계이다. 설교에서도 마찬가지이다. 내가 존경하는 목사님이 설교하면 어떤 설교를 해도 아멘 할 것이다. 그러나 내 마음에 맞지 않는 분이 설교하면 아무리 좋은 내용일지라도 마음에 들지 않는 것이다. 논리도 중요하지만, 관계가 더 중요하다.

논리도 중요하지만, 흥미도 중요하다.

한민족은 흥이 있는 민족이다. 흥미 있는 이야기를 하면 마음 문을 열게 되어 있다. 설교자가 자신의 경험을 이야기할 때 청중은 자세를 고쳐잡으며 고개를 앞으로 내밀고 경청한다. 청중은 설교자의 성공담이나 실패담에 귀를 기울인다. 그래서 간증이 효과가 있는 것이다.

한국 교인들이 간증을 좋아하는 이유도 여기에 있다. 그러나 설교에서 매번 간증을 사용할 수는 없다. 간증과 같은 효과가 있는 것이 예화이다. 예화는 약방의 감초다! 예화는 또한 건물의 창문과도 같다. 예화로 가득 찬 설교는 문제이지만, 적절한 예화로 청중의 이해를 돕는 것은 약방의 감초인 것이다.

예화로서 유머를 사용하는 것도 때론 도움이 된다. 특히 설교의 도입부에 간혹 본문의 주제에 맞는 유머를 사용하는 것은 집중도를 높일 수 있다. 물론 천박한 유머는 피해야 할 것이다. 고급스런 유머를 사용하면 청중의 마음을 무장해제시키는 효과가 있다. 구글 검색이나 예화 사이트를 활용하는 것도 필요하다. 요즘 Chat GPT를 활용해서 찾는 것도 시간 절약하는 방법이기도 하다.

논리도 중요하지만, 흥미도 중요하다. 설교가 지루해지지 않도록 하는 약방의 감초를 두려워할 필요는 없을 것이다.

들리는 설교는 깊이가 있어야 한다

묵상의 차이가 설교의 깊이를 차이나게 한다.

차이 나는 클래스가 있다. 일상적이고 평이한 강의와 구별되는 클래스가 있다. 설교도 마찬가지다. 똑같은 본문이시만 차이 나는 설교가 있다. 스펄전, 마틴 로이드존스, 옥한흠, 이동원 목사님의 설교를 읽으면 분명 차이를 느낀다. 영성과 지성을 겸비한 설교임을 직감할 수 있다.

왜 이런 차이가 생길까? 그 이유는 묵상의 차이다. 성경 본문을 오래, 깊이 읽어야 그런 차이를 만들 수 있다. 큐티 강의를 잘했던 하용조 목사님은 "성경 본문을 약 40번쯤 읽으면, 성경에서 소리가 난다!"라고 말하였다. 그런데 성경 본문을 그렇게 많이 읽는 것이 쉬운 일은 아니다. 그런데 그렇게 할 수 있는 방법이 있다.

설교 본문이 정해지면 소리 내어 그리고 정독으로 10여 차례 읽는다. 그 후 세 가지 질문으로 질문을 만들어 보는 것이다. 첫째는 역사적 질문이다. 1세기 당시 상황 속으로 들어가 역사적인 질문을 만들어 본다. 본문에 따라 몇 개에서 수십 가지의 질문을 만들 수 있다. 둘째는 신학적 질문이다. 본문이 말하고자 하는 신학적인 이슈가 있다. 그것을 질문의 형태로 만들어 보면 좋다. 셋째는 목회적 질문이다. 1세기 당시의 본문이 현재 21세기의 청중들에게 어떤 의미가 있는지 질문을 만들어 보는 것이다. 이렇게 질문을 만들면 적어도 40여 차례 본문을 읽을 수 있다. 그야말로 본문으로 목욕을 한 것 같을 것이다. 본문이 익숙해지면 본문이 영화 스크린처럼 머리에 그려지게 된다.

읽고, 질문을 만들면 선명한 아이디어가 떠오를 것이다. 본인이 이해하고 해석한 아이디어를 적는다. 그다음 단계는 무엇일까?

신학적 연구가 설교의 깊이를 차이 나게 한다.

설교자의 임무가 무엇인가? 놀라운 하나님의 진리의 말씀을 잘 드러내어 청중에게 그 진수를 전달하는 것이 아니겠는가? 월터 브르그만은 《마침내 시인이 온다》에서 "설교자는 뜻을 파악하기 어려운 진리, 무엇에도 구애받지 않는 진리를 담은 성경 본문과 그 본문을 환원주의 형식으로 들으려 하는 회중을 예술적으로 엮어 연결하라고 부름 받은 사람이다."라고 정의 내린다. 이런 역할을 하려면 신학적 연구를 통해 설교의 깊이가 차이 나게 해야 한다.

묵상과 질문으로 본문에 대한 이해가 깊어졌다. 자신의 해석을 붙잡아 놓고 그다음 단계로 주석을 확인해 보아야 한다. 학적으로 목회적으로 좋은 주석을 참고해야 한다. 한 절 한 절 주해를 통해 본문의 깊이를 더해야 한다. 더욱이 성경은 메타 내러티브이므로 성경 전체의 맥락에서 그리고 그 본문이 속해 있는 책의 맥락에서 주해해야 한다. 이는 자신의 신학적인 이해도와 주석의 도움으로 가능하게 된다.

자신의 해석이 맞는지, 그리고 더 깊은 신학적인 의미가 있는지 확인해야 한다. 교인 중에는 이미 성경에 대한 지식이 많은 분이 있다. 그러나 그 지식을 구슬이 꿰듯 연결하지 못하는 분들도 있다. 이를 설교자가 구슬이 서 말이라도 꿰어야 하듯 연결해 주어야 한다. 설교는 쉬워야 하면서도 깊이가 있어야 하는 지점인 것이다.

이를 위해서는 설교자가 신학적인 책, 특히 성경 신학의 독서가 늘 필요하다. 최근의 논문이나 신학 월간지에 나오는 연구, 그리고 좋은 학문적 주석의 도움으로 가능하게 될 것이다. 이런 묵상과 연구를 바탕으로 이제 메인 아이디어(Main Idea)를 붙잡게 된다. 드디어 본문이 말하고자 하는 아이디어를 도출하게 된 것이다.

성령의 기름 부으심이 설교의 깊이를 차이 나게 한다.

설교자의 연구와 묵상도 경건한 독서이다(Lectio Divina). 경건한 독서를 바탕으로 성령의 기름 부으심을 갈망해야 한다. 성령께서 내 연구에 기름을 부어 주셔야 한다.

한 교회에서 담임목사의 설교 원고를 가지고 부목사들이 설교해 보았다. 그런데 똑같은 원고이었지만, 청중들의 반응은 달랐다. 설교자 자신도 다르게 느낀다고 한다. 왜 그럴까? 설교자의 영성과 성령의 인도하심 때문이다.

설교자에게는 로고스와 에토스와 파토스가 있어야 한다. 선명한 로고스를 설교하되 설교자의 성품과 자질뿐 아니라, 성령의 인도하심으로 불같은 논리가 필요하다. 마틴 로이드 존스의 말처럼 "불붙는 논리(Logic on fire)"가 필요하다. 이는 성령의 기름 부으심으로만 가능한 것이다. 성령의 기름 부으심을 위해 늘 기도하며, 집중해서 기도하고, 간절히 간구해야 한다. 그때 설교의 깊이가 차이 나게 될 것이다.

설교는 쉬워야 한다. 그리고 흥미가 있어야 한다. 무엇보다도 깊이가 있어야 한다. 이런 설교에 성령의 기름 부으심이 나타날 줄 믿는다.

박윤성 목사

총신대신학대학원을 졸업하고 미국 탈봇신학대학원에서 신약학 (Th.M)을 공부했고 풀러신학대학원에서 김세윤 교수의 지도하에 목회학 박사학위(DMin)를 받았다. 부산 수영로교회에서 목회를 배우고 현재 익산 기쁨의 교회 담임목사로 사역 중이다. 지성과 영성을 겸비한 목회자가 되기 위해 자기 훈련을 게을리하지 않고 있으며, 지역 교회를 돕는 일에도 열심이다.

저서로는 《요한계시록 어떻게 가르칠까》, 《히브리서 어떻게 가르칠까》(기독신문 출판부, 2004년), 《수영로교회 소그룹 이야기》, 《톡톡 요한계시록1, 2》(글과 길, 2021년), 《포스트 코로나시대의 리더십, 정의로운 교회》(글과길, 2022년), 《목회트렌드 2023》(글과길, 2022년), 《목회트렌드 2024》(글과길, 2023년) 등이 있다.

10

들리는 설교를 위한 설교학적 제언

설교는 들려야 한다

주일 오전, 설교자는 목양실에서 걸어 나와 성경과 설교원고를 들고 강단으로 올라간다. 성경 봉독이 끝나고 성가대의 찬양이 끝나면, 설교자는 그를 응시하는 회중을 향해 입을 연다. 그렇게 설교는 시작된다.

　모든 설교자는 자신이 정성껏 준비한 설교를 모든 회중이 사모함으로 경청하기를 기대하지만, 종종 강단 아래 현실은 설교자의 기대와 다른 경우가 허다하다. 어떤 설교자는 본문의 분석과 그것이 담고 있는 심오한 진리를 이끌어 내는 데 탁월하지만 청중의 주의를 확보하는 지점에서 종종 뼈아픈 실패를 경험한다. 이러한 실패는 부분적으로 설교에 대한 불완전한 이해에서 기인한다. 곧 설교는 하나님의 말씀을 강해하는 것이라는 것에 지나치게 집중한 나머지 그것의 기본적 성격이 말함과 들음이라는 것을 간과한 까닭이다.

선포된 그 설교가 청중의 귀에 들리지 않는다면 그 설교는 설교의 소임을 다하지 못했다고 해도 과언이 아니다. 왜냐하면 믿음은 들음에서 나기 때문이다.(롬 10:17) 따라서 사려 깊은 설교자는 서재에서 무엇을 설교할 것인가 하는 만큼이나 강단에서 어떻게 전할 것인가를 고민한다.

들리는 설교 이렇게 하라

우리는 어떻게 청중의 귀에 들리는 설교를 할 수 있을 것인가? 이를 위해 참고할 만한 몇 가지 지침을 제언한다.

첫째, 연역적 설교보다 귀납적 설교를 하라. 오랫동안 한국 강단에서 주로 사용되어진 설교 형식은 연역적인 설교 방식이다. 연역적 방법은 아리스토텔레스로 거슬러 올라가는데, 그것은 전개할 명제적 주장을 미리 진술하고 그것을 설명하고 증명하고 예시하는 방식으로 진행된다. 연역적 설교는 마치 법정에서 변호사가 어떤 주장을 위해 여러 가지 증거와 사례 등을 통해 변증해 가는 방식과 유사하다. 연역적 설교는 전통적인 설교에서 주로 사용되던 방식으로 3대지 설교가 대표적인 방식이라 할 수 있다.

연역적 설교는 무엇보다 논리 전개가 선명하고 명료하다는 것이 장점이다. 그러나 연역적 방식은 설교의 서두에 전개될 내용의 결론을 미리 말함으로 설교에 대한 청중의 기대나 흥미를 불러일으키기 어려운 면이 있다.

반면, 귀납적 전개는 회중의 호기심과 흥미를 유지하는 데 효과적이다. 그것은 회중의 자리에서 시작하여 다양한 예와 경험들, 이야기와 예증 등을 통하여 결론에 도달하는 형식이다. 귀납적 설교는 그 전개에 있어서 회중의 경험으로부터 시작한다는 점에서 기독교나 성경에 관한 깊은 이해가 없는 신자라할지라도 설교의 흥미와 집중성을 확보할 수 있다는 점에서 들리는 설교에 더욱 적합하다.

둘째, 대화적이며 소통적인 설교를 지향하라. 설교는 그 성격상, 기본적으로 한 설교자의 다수를 향한 선포이다. 그러나 그 내용에 있어서 설교자가 전적인 주도권을 가질지라도 설교자가 강단에 서는 순간, 그것은 회중을 전제로 하는 상호적인 성격을 띤다. 크래독(F. B. Craddock)은 《설교 - 열린 체계로서의 귀납적 설교방식》에서 이러한 인식의 중요성을 다음과 같이 말한다. "청중들이란 소리를 내건 조용히 있건 간에 설교의 적극적인 참여자들이다. 설교 신학에서 하나님의 말씀이 설교자의 입에 있다고 보건 청중들의 귀에 있다고 보건 간에 분명한 사실은 그 양자가 서로 대화한다는 것이다."

역사상 많은 뛰어난 설교자는 언제나 설교가 선포라는 사실과 함께 그것의 전달에 있어서 상호적인 것임을 간파했다. 예를 들어 설교의 왕자, 스펄전(C. H. Spurgeon)은 설교의 형식에 있어서 본문의 내용을 다채로운 예를 통한 쉽고 평이한 전달에 중점을 두었다면, 마틴 로이드 존스(M. Lloyd-Jones)는 본문의 한 단어, 한 단어를 꼼꼼하게 강해하는 방식을 취했다. 반면 존 스토트(J. Stott)는 다소 넓은 텍스트를 잘 정리된 강의 형식으로 설교하였다. 그러나 설교를 전개하는 방식에 있어서 그들은 언제나 대화적인 설교방식을 지향했다. 예를 들어 스토트는《I Believe in Preaching》에서 "참된 설교는 언제나 대화적인 것"(true preaching is always dialogical)임을 강조한다. 여기서 대화적이라는 것은 문자 그대로 설교자가 청중과 어떤 문제를 토론하거나 직접적으로 질문을 던지고 답하는 것을 의미하지 않는다. 그것은 설교자와 그의 청중 사이에 일어나는 무언의 대화를 의미한다. 곧 설교자는 청중들의 마음속에 하나의 질문을 던진 후 그 질문에 대답하는 방식으로 설교해야 한다는 것이다. 그리고 설교자의 대답은 다시 회중의 질문을 일으키고 그리고 계속해서 그것에 대한 해답을 주어야 한다는 의미이다. 이러한 대화적 설교는 청중에게 설교에 참여하는 통로를 열어줌으로서 보다 적극적인 귀기울임이 가능하도록 한다.

셋째, 자유롭고 즉흥적인 방식으로 전달하라. 많은 위대한 설교자들은 설교 원고를 읽어 내려가는 방식으로 설교하는 것을 절대적으로 피해야 할 방식으로 조언한다. 왜냐하면 이러한 방식은 설교자와 청중과의 상호 작용의 결여로 청중이 설교에 대한 흥미를 잃고 졸음에 빠지기 쉽기 때문이다. 그렇다고 즉흥설교가 아무런 준비없이 강단에 올라가 머리에 떠오르는 대로 말하는 것을 의미하는 것은 아니다. 오히려 오랜 시간 연구하여 철저하게 준비하되, 그 전하는 방식에서 자유롭고 즉흥적인 방식으로 전하는 것을 의미한다.

넷째, 이미지 언어를 사용하라. 팀 켈러는 《설교》에서 이미지언어를 "청중의 마음에 그림과 소리, 심지어 냄새와 미각을 불러일으킴으로써, 우리말에 감각적인 호소를 가득 채우는 것"으로 정의한다.

현대 사회는 매스미디어와 커뮤니케이션 분야에서 혁명적인 변화를 경험하고 있다. 문자 시대에는 인쇄매체가 정보와 지식 습득을 위한 주요한 수단이었다면 현대에는 TV와 유튜브와 같은 영상매체가 그것의 자리를 빠르게 대체하고 있다. 이러한 미디어의 변화에 관해 리차드 젠센(R. Jensen)은 《Thinking In Story: Preaching in a Post-Literate Age》에서 인쇄물과 관념적 사고에 의해 지배를 받는'문자(literal) 문화'에서 전자 매체를 통한 '말하고 듣는(oral-aural) 문화'로 이동했다고 분석한다. 반면 한국 강단은 이성에 바탕을 둔 논리적이며 분석적인 설교 방식의 서구설교에 영향을 주로 받아왔으며, 이러한 영향을 받은 한국 강단은 주로 설명하고 논증하는 방식의 설교가 주류를 이루어 왔다. 그리고 이러한 논증적 설교 방법을 위해 주로 명제적, 분석적 언어를 주된 재료로 사용해 왔다.

그러나 들리는 설교를 위해 교회의 설교 언어 또한 변화될 필요가 있다. 이러한 변화된 환경에 강단 언어의 갱신을 주창하는 대표적인 학자는 악트마이어(E. Achtemeier)이다. 악트마이어는 《Creative Preaching》에서 영상혁명 시대, 들리는 설교를 위한 강단 언어의 변화에 관해 이렇게 역설한다. "우리는 주로 시각적 자극에 따라 행동하는 데 익숙한 세대들에게 설교하고 있다 … 따라서 현대의 설교자들은 성경적 메시지를 모든 감각을 일깨워주는 언어, 다시 말해, 회중들이 보고 느끼고 냄새 맡고 맛볼 수 있는 언어들로 전달해야 한다. 그렇지 않으면 청중들은 복음을 구성하고 있는 언어들에 결코 귀를 기울이지 않을 것이다."

다시 말해, 매스미디어에 익숙한 시각적 세대에게 들리는 설교를 위해 분석적, 논리적 언어를 넘어 보고 들을 수 있는 입체적 언어로 설교해야 한다는 것이다. 성경 전반에서 사용된 이미지 언어를 면밀히 연구한 앤서니 티슬턴(A. Thieslton)은 《성경의 그림 언어와 상징 해석》에서 "성경 전체에서 사용되고 있는 수많은 시각 이미지와 상징들을 배워서 사용하지 않으면 오늘날 우리의 설교와 가르침, 의사소통이 심히 낙후될 수밖에 없다"고 경고하며, 예수님과 바울의 설교에서 볼 수 있듯, 그림과 이미지, 유비 등이 얼마나 큰 힘을 가지고 있는지 현대 강단이 진지하게 인식할 것을 촉구한다. 따라서 멀티미디어 시대, 시각적 세대에 설교하는 강단은 이미지 언어에 보다 주목할 필요가 있다.

다섯째, 예화와 이야기를 적절하게 사용하라. 들리는 설교를 위한 예화 사용의 모범적인 예는 우리 주님의 설교에서 발견할 수 있다. 예수님의 설교는 비유와 이야기로 가득하다. 이는 평범한 사람들도 그 분의 설교를 기꺼이 청종했던 이유이다. 예수의 수사학을 연구한 켄트 에드워즈(K. Edwards)는 《깊은 설교》에서 그분의 설교의 성공의 이유를 분석하며 현대 설교자들에게 이렇게 도전한다. "예수님의 설교의 성공의 중대한 이유는 그의 풍부한 은유의 사용 때문이었다. 은유 사용에 능숙하신 예수님은 세기를 뛰어넘는 설교를 하셨다. 당신의 은유 사용을 예수님과 비교해 보라." 다양하고 풍부한 비유법의 대표적인 예는 사도 바울 이후 가장 위대한 설교자로 평가받는 스펄전(C. H. Spurgeon)의 설교에서 발견할 수 있다. 따라서 들리는 설교와 청중의 주의 확보를 위해 직유, 은유, 일화 등 다양한 종류의 예화를 사용할 필요가 있다.

마지막으로, 들리는 설교를 위해 설교자는 진지함과 열정으로 설교해야 한다. 진지함과 열정은 위대한 설교자들의 설교의 표지이며 설교의 승패를 결정짓는 중요한 요소 중 하나이다. 스펄전은 "마치 눈보라 속이나 얼음집에 앉아있는 것처럼 명료하나 차가우며, 논리적이나 죽은 것처럼 느껴지는 그런 설교를 듣는 것은 몸서리치는 일"이라고 한탄하였다. 열정이 없는 냉랭한 설교는 그 어떤 감동도, 역사도 일으킬 수 없다. 설교자 자신도 붙잡지 못하는 설교에 어떤 회중이 귀를 기울이겠는가! 설교자는 자신이 전하는 메시지에 붙잡혀야 한다. 전하는 그 주제가 설교자의 마음을 사로잡았다는 것을 청중이 감지할 때, 비로소 청중들도 그 메시지에 사로잡히게 된다.

믿음은 들음에서 난다.(롬 10:17) 어린 아이로 늙은 할머니의 귀에도 '들리는 설교'를 위해 몸부림치는 설교자는 복이 있다.

<참고문헌>

에드워즈, 켄트. 『깊은 설교』 조성헌 옮김. 서울: CLC, 2012.

크래독, 프레드. 『설교』 김운용 옮김. 서울: 컨콜디아사. 1989.

켈러, 팀. 『설교』 채경락 옮김. 서울: 두란노, 2022.

티슬턴, 앤서니. 『성경의 그림 언어와 상징 해석』 최승락 옮김. 고양: 이레서원, 2005.

Achtemeier, E. Creative Preaching. Nashville: Abingdon Press, 1980.

Craddock, F. B. As One without Authority. Nashville: Abingdon, 1981.

Jensen, R. Thinking In Story: Preaching in a Post-Literate Age.

  Ohio: CSS Publishing Company, 1993.

Stott, J. R. W. I Believe in Preaching. London: Hodder & Stoughton, 1982.

손동식 박사

햇불트리니티신학대학원 설교학 초빙교수, 미국 A.E.U(American Evangelical University)에서 설교학을 강의, 거인들의 설교연구소 대표(www.preacher.co.kr)이다

손동식 박사는 서울신학대학 신학과를 졸업한 후 연세대학교 대학원에서 신약학(Th.M)을, 영국의 대표적인 복음주의 신학교인 런던신학대학(London School of Theology)에서 찰스 스펄전, 마틴 로이드 존스, 존 스토트의 설교 연구로 박사 학위(Ph.D)를 마쳤다.

공군군목, 명지대학교 교목, 하저교회 담임목사로 사역했으며, 두란노 〈목회와 신학〉의 〔그 말씀〕, 〈성서유니온〉의 〔묵상과 설교〕 등에 200여 편의 설교학 관련 글을 기고했다.

저서로는 《설교의 왕자, 스펄전의 설교 이야기》, 《설교 핸드북(공저)》 등이 있다.

Chapter 4

한국교회 제언

설교트렌드
2025
- 들리는 설교

01

설교에 목숨 걸라

목숨을 걸 각오로 준비하라

설교자는 설교에 목숨을 걸어야 한다. 설교자는 '말씀이 사람을 변화시킨다.'라는 것을 믿고 있다. 하지만 사람 변화는 쉽지 않다. 매주 다가오는 설교를 과제 완수 정도로 생각하고 준비하면 청중은 변화되지 않는다. 설교자가 설교에 목숨을 걸 때, 청중은 변화를 시도할 것이다.

설교는 하나님의 말씀과 설교자, 그리고 청중으로 완성된다. 설교는 하나님의 말씀을 설교자가 청중에게 전하는 것이다. 설교는 청중이 대상이다.

들리는 설교는 원리와 방법만으로 안 된다. 설교자 자신의 마음가짐이 가장 중요하다. 설교자는 들리는 설교를 위해 각고의 노력을 기울여야 한다. 설교에 목숨을 걸어야 한다. 설교에 목숨을 걸라는 것은 설교 준비에 최선을 다하라는 뜻이다.

목숨을 건다는 것은 하나에 집중한다는 말이다. 레이저는 그 자체로는 몇 와트 안 되는 약한 에너지다. 하지만 가늘게 집중시켜 지속적으로 쏘면 다이아몬드에 구멍을 내거나 암세포를 없앨 수도 있다. 목숨을 걸 때 단단한 벽같이 인생을 막고 있던 문제가 무너져 내린다.

이순신 장군은 난중일기에서 '필사즉생 필생즉사'라고 적었다. 죽고자 하면 살고 살고자 하면 죽게 된다는 뜻이다. 설교자는 전쟁에 임한 이순신 장군과 같은 심정으로 설교에 임해야 한다. 설교자가 설교에 목숨을 걸 때 청중이 살아난다.

버리는 것에 목숨을 걸어야 한다

'삼망(三忘)'이라는 말이 있다. 전쟁터에 나가는 병사는 가정을 잊고, 부모를 잊고, 자신을 잊어야 한다는 말이다. 전장에서는 각자의 개인사정을 버리고 모든 병사가 오직 전투에만 집중해야 승리할 수 있다. 설교자도 다른 것은 모두 잊고 설교 한 가지에만 집중해야 한다. 들리는 설교를 하려면 다른 것은 잊고 이 한 가지에 목숨을 걸어야 한다.

역사적으로 큰 업적을 남긴 인물일수록 매우 과감하게 버렸다. 예수님은 하늘 영광을 버리시고 십자가를 지셨다. 예수님의 제자들도 가진 것을 버리고 예수님을 따랐다. 사도 바울은 예수 그리스도를 위해 자신이 가진 것을 배설물처럼 버렸다.《아큐정전》,《광인일기》등을 쓴 중국의 사상가이자 문학가인 루쉰은 의사의 길을 버리고 문학을 선택했기에 주옥같은 책을 쓸 수 있었다.

하나님의 말씀을 전하는 설교자로 살아가기 위해서는 설교와 관련 없는 것들을 버릴 줄 알아야 한다. 그러기 위해 버릴 것을 버려야 한다. 버리지 못하면 들리는 설교는 불가능하다.

버리는 것은 새로운 출발을 의미한다. 잘 버려야 새롭게 출발할 수 있다. 이전과 똑같은 인생이 아니라 새로운 인생으로 출발해야 한다. 새로운 인생으로 살아가는 것에 목숨을 거는 것이다.

목숨을 건다는 것은 많은 모임, 즐겁고 편한 것들, 하고 싶은 일들을 버릴 때를 뜻한다. 버리는 것은 쉽지 않다. 특히, 익숙한 것을 버리는 것은 목숨을 걸어야 할 만큼 어렵다. 하나님의 말씀을 맡은 설교자, 영혼을 변화시키는 설교자로 살려면, 목숨을 걸어야 한다.

매일 설교를 마치고 한숨을 쉬고 반응이 없는 청중을 보고 답답함을 느낀다면 이제는 목숨을 걸어야 할 때다. 들리는 설교를 방해하는 것을 버려야 한다. 청중을 하나님의 사람으로 변화시키는데 방해되는 것, 어제와 똑같은 나로 있게 만드는 익숙한 쓰레기를 모두 버리는 결단이 있어야 한다.

말씀과 시대 변화를 읽는 일에 목숨을 걸어라

비웠다면 채워야 한다. 비운 곳에는 새로운 것으로 채워야 한다. 채우지 않으면 곧 잡동사니로 가득 찬다. 설교자가 채울 것은 두 가지다.

첫째, 하나님의 말씀을 채워야 한다. 설교자는 하나님의 말씀을 전하는 자다. 그렇기에 하나님의 말씀으로 늘 채워져 있어야 한다.

하나님의 말씀을 채운다는 것은 하나님의 마음을 가지는 것이다. 설교자가 하나님의 말씀으로 무장되어 있을 때 하나님의 마음을 가질 수 있다. 하나님의 말씀으로 잘 충전된 설교자는 말씀이 인도하고 지시하는 일을 따라 하게 된다. 말씀으로 충전되면 하나님의 마음으로 움직이기 때문에 실수하지 않는다.

얼마나 많은 설교자가 무너지고 있는가? 뉴스와 청중들의 입에 안 좋은 이야깃거리로 오르내리면 설교자의 생명은 끝난 것이다. 이렇게 끝날 생명이라면 설교를 위해 목숨을 걸어보는 것이 현명한 선택이다.

둘째, 독서로 마음의 양식을 채워야 한다. 세상은 하루가 다르게 변하고 있다. 설교자는 과거에 머무른 사람이 아니다. 미래를 앞서 가지는 못해도 현재를 살아가는 데 부족함은 없어야 한다. 마음의 양식을 충전하지 못하면 시대에 뒤처지게 된다. 독서를 통해 늘 새로운 정보로 채워야 한다. 설교는 시대와 밀접하게 관련되어 있다. 시대를 모르면 청중에게 들리는 설교를 할 수 없다.

설교자는 하나님의 말씀과 세상의 정보를 받아들이는 일에 목숨을 걸어야 한다. 이런 과정을 통해 매일 자신의 틀을 깨야 한다. 급격하게 변하는 시대의 흐름을 인정하고 읽어내야 한다.

새로운 것을 받아들이는 것은 목숨을 걸 만큼 힘든 일이다. 번데기가 옷을 벗고 새로 태어남이다. 그러나 새로운 것을 받아들일 때 성장이라는 열매가 따라온다. 영국에서 미국으로 이민 온 사람들이 원래부터 미국에 살고 있던 사람보다 자수성가형 백만장자가 될 확률이 4배나 높다는 통계가 있다. 도움 청할 사람이 아무도 없고, 어디에도 기댈 곳이 없는 절박한 상황이 그들을 강인하게 만들어 준 것이다. 환경에 잘 적응하여 살아남기 위해 목숨을 건 것이다.

익숙한 환경에서는 목숨을 걸 필요가 없다. 익숙한 것은 곧 편안함이고 편안함은 곧 나태함으로 이어진다. 처음 경험하는 새로운 것을 자연스럽게 받아들일 때 온몸의 세포가 긴장하고 목숨을 걸지 않으면 안 될 만큼 절박한 상황이 된다.

설교자는 하나님의 말씀과 시대 변화를 읽어내, 새로운 것을 받아들여 영혼을 변화시키는 설교에 목숨을 걸어야 한다.

자신만의 설교에 목숨을 걸어라

설교자는 자신만의 설교를 할 수 있어야 한다. 어디선가 들어본 흔한 설교가 아니라 설교자가 직접 준비한 독창적인 설교를 해야 한다. 설교자가 자신만의 설교를 준비할 때 신선하고 새로운 설교가 완성된다.

날마다 달라지는 세상에서 청중은 늘 새로운 것을 원한다. 이것은 설교도 포함된다. 특히 한국 청중들은 유달리 새로운 것을 좋아한다. 시장조사업체 카운터포인트리서치에 따르면 글로벌 스마트폰 평균 교체 주기는 43개월이지만 한국은 그보다 짧은 33개월이었다.

국내 소비자는 다른 나라 소비자와 비교해 기술, 디자인 품질 등에서 높은 수준을 요구하기 때문에 한국 시장에서의 성공이 전 세계 시장에서의 성패로 연결된다고 한다. 필립스 퍼스널헬스사업부 글로벌 대표는 "한국은 '혁신의 나라'라며 한국 시장을 혁신 제품의 '테스트베드(시험대)'라고 인식하고 있다"라고 말했다.

설교자는 자신만의 설교를 하는데 목숨을 걸어야 한다. 자신만의 설교는 세상에서 유일한 설교가 된다. 독창적이고 신선하다. 남의 것을 표절하는 것이 아닌 자신만의 영성과 지성을 갈아 넣어 준비한 설교를 해야 한다.

세상은 하루가 다르게 변하고 있다. 바뀌지 않음이 더 이상하다. 세상이 변하듯 설교자도 변화가 일어나야 한다. 변화를 꿈꾸지만, 변화가 쉽지 않다. 변화를 두려워하기 때문이다. 변화로 오는 새로움을 기대하기보다 평가에서 오는 불편함을 두려워한다. 습관처럼 해 왔던 것을 그대로 따라간다. 설교자는 실수의 두려움이 아니라 새로움의 기대감이 있어야 한다. 이제부터 설교를 준비하는 일에 목숨을 걸어야 한다.

황상형 목사

대구동서연경교회 부목사이다.
영남신학대학교, 영남신학대학 신학대학원를 졸업했다.
공저로 《출근길 그 말씀》이 있다.

02

사고력, 어휘력, 문장력을 높여라

사고력이 설교의 질을 높인다

사고력이 설교의 질을 높인다. 설교자는 남다른 사고의 깊이와 넓이를 갖춰야 한다. 많은 설교자는 사고력이 높다고 생각한다. 지도자의 위치에 있기 때문이다. 하지만 대부분 설교자는 사고력이 낮다. 설교자는 신학과 신앙, 그리고 교회의 틀에 갇혀있다. 갇혀있으니 그 틀 안에서만 사고한다. 사고가 얕고 좁을 수밖에 없다.

사고력이 떨어지는 설교를 들은 청중의 반응은 이렇다. "우리 목사님은 세상을 너무 몰라. 우리를 너무 몰라" 세상을 알기 위해, 청중을 제대로 알기 위해 사고의 힘을 길러야 한다.

설교자가 사고력을 높이기 위해서는 관찰부터 해야 한다. 탈무드에 이런 말이 있다. "보이지 않는 것을 보고 싶으면, 보이는 것을 주의 깊게 관찰해야 한다." 눈에 보이는 것은 찾기 쉽지만, 보이지 않는 것은 찾기 어렵다. 보이지 않는 것을 보기 위해서는 관찰해야 한다. 그렇다고 관찰에만 머무르면 안 된다. 관찰을 넘어서야 한다. 고찰, 통찰, 성찰할 수 있어야 한다.

유영만 교수는 《생각사전》에서 사찰(四察)이라는 용어를 설명한다. 관찰과 고찰, 통찰과 성찰이다. 관찰(觀察)은 사물이나 현상을 주의하여 자세히 살펴보는 것이다. 고찰(考察)은 어떤 것을 깊이 생각하고 연구하는 것이다. 통찰(洞察)은 순간적으로 일어나는 번뜩이는 깨달음이다. 성찰(省察)은 자기의 마음을 살피는 일이다. 설교자는 관찰을 넘어 고찰, 통찰과 성찰의 과정까지 나가야 한다. 그럴 때 성경 본문을 남다르게 보고 설교의 질을 높일 수 있다. 들리는 설교를 할 수 있다.

사고력을 높이기 위해 또 해야 할 중요한 일은 인문학 독서다. 설교자는 다양한 분야를 독서 해야 한다. 내가 읽고 싶은 책만 읽으면 안 된다.

독서는 내가 경험하지 못한 것을 간접경험 하게 한다. 몰랐던 것을 알게 한다. 나와 다른 생각을 가진 사람을 만나게 한다. 다른 사람의 마음을 공감하게 한다. 이런 과정을 통해 사고력이 길러진다. 설교자의 사고력이 높아질수록 설교의 질도 높아진다.

설교자의 어휘가 풍부하면 청중은 행복하다

설교자가 설교에 사용하는 어휘는 다양해야 한다. 다양한 어휘를 사용할 때 설교가 지루하지 않고 매번 신선하게 들린다. 익숙한 내용에도 새로운 어휘를 사용함으로 청중에게 설교에 대한 기대감을 심어준다. 청중은 설교자가 사용하는 어휘에 따라 만족도가 올라간다.

설교가 끝난 이후 청중이 이런 말을 한다. "우리 목사님은 매 주일 본문은 다른데 내용은 똑같아요. 매번 같은 이야기만 반복해요." 청중이 이렇게 반응하는 이유가 무엇이겠는가? 설교자의 어휘력이 빈약하기 때문이다.

성경의 큰 주제는 다양하지 않다. 설교하다 보면 주제가 반복될 수밖에 없다. 성경 이야기도 마찬가지다. 그렇기에 같은 말이지만 다르게 표현해야 한다. 다르게 표현하기 위해서는 어휘력이 풍부해야 한다.

설교자의 어휘력이 빈약하면 청중에게 편견과 선입견을 줄 수 있다. 표유진의 《엄마의 어휘력》에 나오는 내용이다. 아이가 유치원에 입학하고 얼마 되지 않았을 때의 일이다. 아이가 만난 열 명의 어른 가운데 여덟 명이 이렇게 묻는다. "반에서 예쁜 여자 친구는 사귀었어?" 이 말을 들은 아이는 친구는 예뻐야 한다는 덫에 갇힌다. 어휘가 생각을 가두어 버린 결과다.

설교자가 사용하는 어휘도 청중을 신앙생활의 틀에 갇히게 할 수 있다. 설교 시간에 한 가지 어휘로만 설명하면 청중은 그 단어에 갇힌다. 한 번 갇히면 빠져나오기가 어렵다. 그래서 다양한 어휘를 사용해야 한다.

어휘에는 지역의 언어가 있고 성별의 언어가 있다. 계층과 이념의 언어도 있다. 설교자는 다양한 언어가 존재한다는 것을 기억해야 한다. 청중이 반응을 보이는 어휘를 구사해야 한다.

설교자는 설교할 때 청중에 적합한 어휘를 사용해야 한다. 청중에게 적합한 어휘를 사용하는 것이 청중존중이다. 육식동물에게 초식을 주지 않는다. 초식동물에게 육식을 주지 않는다. 이처럼 설교자도 청중이 먹고 성장하는 어휘를 만들어야 한다. 청중에게 맞는 어휘를 들려줘야 한다.

어휘력을 높이기 위해 어떻게 해야 할까? 강원국은 《강원국의 글쓰기》에서 어휘력을 키우는 방법을 제시한다. "어휘력을 키우려면 어떻게 해야 할까. 첫째, 어휘력을 높이겠다는 각성이 먼저다. 둘째, 단어를 유념해 글을 읽는 것이다. 셋째, 글을 쓸 때 국어사전을 가까이 한다. 넷째, 자기만의 단어장을 만들어 보자. 다섯째, 단어의 어원에 관심을 가져보자. 여섯째, 키워드 중심으로 글을 써보는 것도 방법이다."

김도인 목사도 《설교는 글쓰기》에 이렇게 말한다. "설교자가 어휘력을 향상시키기 위해서는 두 가지를 해야 한다. 하나는 단어 채집을 해야 한다. 또 다른 하나는 독서를 해야 한다. 어휘력 향상의 키는 단어 채집과 독서력에 있다. 설교자들이 책을 읽는다면 어떤 책을 읽어야 도움이 될까? 박경리의 《토지》다. 많은 독서가들이 한결같이 권하는 책으로 어휘력을 늘리기에 최고의 책이다. 제1권 30페이지까지 반복되는 어휘가 없을 만큼 어휘력을 배우는 데 있어 보석과 같다."

어휘력은 하루아침에 늘지 않는다. 설교자에게 맞는 방식으로 훈련해야 한다. 축적해야 한다. 어휘력은 한약을 먹는 것과 같다. 한약은 한두 번 먹는다고 효과가 나타나지 않는다. 계속 먹다 보면 나중에는 몸에 좋은 효과가 나타난다. 설교자의 어휘력이 늘어날수록 청중은 설교에 집중하게 된다.

문장력이 청중의 마음을 사로잡는다

청중의 마음을 사로잡기 위해서는 설교 글이 좋아야 한다. 청중은 좋은 글에 마음을 빼앗긴다. 청중은 명문장에 마음을 통째로 내어 준다.

청중은 좋은 글, 마음이 가는 글, 감동적인 글에 환호한다. 청중은 좋은 글을 공유하며 '좋아요'를 누른다. 댓글은 쓴다. 좋은 글, 마음이 가는 글, 감동적인 글은 한마디로 문장력이 좋은 글이다.

설교자가 문장력이 좋으면 청중의 마음을 사로잡는다. 청중은 마음을 사로잡는 문장을 듣는 것을 넘어 메모까지 한다. 귀로 듣고 마음에 새기고 되새김질한다.

설교자는 문장력을 키워야 한다. 문장력을 키우기 위해서는 두 가지를 해야 한다. 첫째, 매일 글을 써야 한다. 그것도 일정량을 채워야 한다. 사이토 다카시는《원고지 10장 쓰는 힘》에서 '질보다는 양'이 문장력 향상의 지름길이라고 말한다. "글쓰기 연습에는 작문의 양을 일정하게 유지하는 것이 중요하다. 문장의 질은 개개인의 독서 체험이나 인생 경험, 재능에 따라 좌우되기 때문에 하루아침에 향상되지 않는다. 그러므로 질보다 양이 우선이다. 양을 조절할 수 있으면 질도 향상시킬 수 있다. 하루에 쓸 목표량을 정해놓고 일정 기간 동안 꾸준히 그 분량만큼 써본다." 김도인 목사도《설교는 글쓰기다》에서 이렇게 이야기한다. "하루 최소 30분 이상, 최소 3년 이상 글쓰기를 해야 한다. 날마다 글을 쓰면 글의 양이 쌓이고 쌓여서 하늘을 향해 치솟게 된다. 언젠가는 탁월한 글쟁이가 되고 탁월한 설교자가 된다."

어릴 적, 할머니는 콩나물시루에 매일 바가지로 물을 부었다. 금세 바닥에 있는 그릇으로 떨어진다. 떨어지는 물을 뭐하러 주시는지 이해가 되지 않았다. 시간이 지나고 보니 어느새 콩이 콩나물로 변했다. 설교자도 콩나물시루에 물을 붓듯 매일 일정량의 글을 써야 한다. 처음부터 잘 쓰려고 하지 마라. 문장력이 떨어질 수 있다. 구조가 맞지 않을 수도 있다. 쓰다 보면 부족한 부분이 보인다. 글의 양이 쌓이기 시작하면 문장력이 좋아진다.

둘째, 좋은 문장을 베껴 써야 한다. 독서하다 보면 좋은 문장들이 눈에 들어온다. 그 문장을 최소한 10번 이상 베껴 써보는 것이다. 베껴 쓰기를 하다 보면 좋은 글과 좋은 문장에 대한 분별력이 생긴다. 내 글의 수준을 알 수 있다. 글 쓰는 감각을 익힐 수 있다. 강원국은 《강원국의 글쓰기》에서 이렇게 말한다. "흔히 문장력을 기르려면 독서를 많이 하라고 한다. 독서보다 빠른 방법이 있다. 필사, 즉 베껴 쓰는 것이다. 암기는 더욱 강력하다. '백편의자현(百遍義自見)'이라고 했다. 백번 읽었으니 외울 수도 있고 쓸 수 있다." 우리 선조들은 베껴 쓰기를 통해 문장력을 길렀다. 선조들의 좋은 전통을 따라하는 것이 지혜로운 방법이다.

설교자는 야명조(夜鳴鳥)처럼 하면 안 된다. 히말라야 설산에 집이 없는 새가 있다고 한다. 야명조는 날이 추우니 밤에만 집을 짓겠다고 우는 새라는 뜻에서 붙여진 별명이다. 이 새는 밤이 되면 혹독

한 추위를 이기지 못해 '내일은 꼭 집을 지어야겠다'라고만 생각한다.

설교자도 내일 꼭 집을 지겠다고만 하는 야명조가 될 수 있다. 내일부터 해야지, 시간이 나면 글을 써야지. 이런 핑계를 대는 야명조가 되지 말고 다산 정약용 선생이 말한 '둔필승총(鈍筆陞總)' 자세를 가져야 한다.

꾸준한 글쓰기가 들리는 설교의 출발이다. 설교자가 야명조가 돼서는 안 된다. 글 쓰는 것을 내일로 미루어서는 안 된다. 오늘부터 시작해야 한다. 하되 꾸준히 해야 한다.

설교자는 설교의 질을 높이기 위해 사고력을 높여야 한다. 청중을 행복하게 만들기 위해 어휘력을 높여야 한다. 청중의 마음을 사로잡기 위해 문장력을 높여야 한다. 어려운 일이다. 어렵다고 포기할 수 없다. 사고력, 어휘력, 문장력이 높아지면 설교가 들리기 때문이다.

허진곤 목사

무주 금평교회 담임이다.
한일장신대학교 신학과 졸업,
한일장신대학교 교역학(M.Div) 졸업,
한일장신대학교 기독교교육(Th.M) 졸업했으며,
에세이문예 신인상을 수상했다.

03

||||||||||||||||||||||||

변화를 강요하지 말고
삶의 방향을 제시하라

강요를 좋아하는 사람 없다

강요를 좋아하는 사람은 아무도 없다. 강요는 억압이다. 강요하지
말고 자발적으로 하도록 이끌어야 한다. 강요하는 PT 체조는 도망
가도 자발적으로 하는 PT샵은 찾아간다. PT(Physical Training) 체
조는 군인들에게 얼차려다.

  군대 생활하면서 격은 실화다. 앉아 일어서 앉아 일어서 자동! 장
교가 사병에게 군기를 잡기 위한 수단이다. 왜 앉고 일어서야 하는
지 아무런 이야기도 해 주지 않는다. 무조건 강요만 한다. 힘으로 사

병들을 제압하겠다는 물리적인 억압이다. 도망가고 싶다. 기회만 되면 빠지고 싶다.

PT(Personal Training)샵은 다르다. PT샵은 운동에 관한 전문지식을 갖춘 트레이너가 일대일 맞춤으로 지도한다. 사람마다 신체적 특징과 생활환경이 다르다. 트레이너는 개인에게 알맞은 프로그램을 개발해 개별 운동 서비스를 제공한다. PT샵은 강요하지 않는다. PT샵을 찾아온 사람의 필요에 따라 맞추어 준다. 고객 마음을 알아주니까 비용을 지불하며 찾아간다. 찾아가는 횟수가 늘어나는 만큼 기쁨도 커진다.

설교도 마찬가지다. 강요하지 않아야 한다. 하나님의 말씀을 전하는 설교일지라도 강요가 되는 순간 귀부터 닫는다. 축제의 예배가 숙제가 되는 순간 청중들은 귀를 닫는다. '사랑하라.' '기도하라.' '순종하라.' 한 주간 고단한 삶을 마치고 하나님 앞에 나와 드리는 예배 속에서 또 숙제라는 강요를 받는다. 청중에게 숙제만 나열하는 강요 설교는 귀와 마음을 닫게 한다. 강요하는 설교를 듣고 나면 하나님이 하신 일은 없고 내가 해야 할 숙제만 남는다.

강요하기 전에 마음부터 알아주어야 한다

설교자는 강요하는 자가 아니다. 청중들의 심정을 알아주고 방향을 제시해 주는 자다. 강요는 뒤로 미루고 마음부터 알아주어야 한다. 청중은 마음을 알아주면 저절로 움직인다. MZ는 밀레니얼 (Millennials) 세대와 Z세대, Gen Z를 아우르는 용어로 1980년생 부터 1990년대 초중반생인 밀레니얼세대와 1990년대 중후반부터 2010년대 초반생인 Z세대를 같이 함께 부르는 단어다. MZ세대는 슬리퍼를 신고 반바지를 입고 찬양 예배를 드린다. 그들이 기타를 치며 찬양을 인도한다. 기성세대 시각에는 복장이 눈에 거슬린다. 이러면 기성세대는 강요한다. 낮 예배에 참석 안 한 사람이 찬양을 인도할 수 있나? 기성세대가 강요하면 MZ세대가 교회를 떠난다. 강요는 유익이 아니라 무익함이다.

기성세대는 MZ세대에게 낮 예배 참석을 강요한다. 눈에 거슬리는 복장으로 예배 자리에 찾아온 MZ세대의 마음을 헤아리지 않는다. MZ세대가 왜 오전 예배에 참석하지 못했는지 마음을 읽을 생각조차 하지 않는다. 마음을 알아주지 않는 강요는 그들을 하나님의 자녀로 만들지 못한다. 그들에게 강요만 하면 교회를 떠난다. 반면, 일탈한 그 심정을 헤아려 주면 교회에서 신앙생활을 통해 하나님의 자녀로 자라간다.

노점상을 하던 부부에게 두 아들이 있었다. 둘째는 정신적으로 건강하지 못하다. 집을 나간 둘째가 연락이 안 된다. 실종 신고하고 난 다음, 3일 만에 산에서 동사했다. 장례를 치르고 난 뒤, 부모는 마음이 너무 힘들어 앓아누워 교회 출석도 하지 못한다. 목회자가 심방을 하고, 가까운 교인들이 찾아가 위로 하지만 반응을 보이지 않는다. 몇 개월 후, 나이 많은 권사님이 찾아간다. 앓아누운 여집사님 손을 꼭 붙잡고 한마디 한다. '집사님은 남편도 있고 맏아들도 있지 않습니까? 난 30대에 과부 되고 3남매를 혼자 키우며 70년 넘게 살았습니다.' 이 말에 여집사님은 벌떡 일어난다.

지금까지 찾아온 사람들의 이야기는 강요로만 들린다. 나이 많은 권사님은 아들을 잃은 여집사님의 심정을 헤아리는 말로 들린다. 슬픔의 자리에서 일어난 여집사님은 교회 관리 집사님을 도와 고무장갑을 끼고 매주 토요일, 교회 유리창 청소를 맡아서 한다. 강요는 일어날 수 없게 한다. 하지만 아픈 심정을 알아주고, 만져주면 벌떡 일어난다.

방향을 제시하면 청중이 귀를 연다

설교자는 강요가 아니라 마음을 알아주고 방향을 제시해야 한다. 그러면 청중은 마음을 열고 귀를 연다. 귀가 열리고 마음이 열리면 숙제에서 축제로 바뀐다. 유영만 교수는 《체인지》에 '시계는 시간을 보는 것이고 나침반은 방향을 보는 것이다. 사막을 건너는 사람에게는 시계보다 나침반이 더 중요하다. 사막을 건너는 사람에겐 시간보다 목적지를 향해 올바르게 가고 있는지가 더 중요하다. 시간이 부족하면 쉬다가 내일 가도 되지만, 잘못된 방향은 걷잡을 수 없는 위험에 빠질 수도 있다. 상황이 수시로 바뀌는 사막에서는 시계보다 나침반이 필수품이다.'라고 한다. 말씀은 나침반이다. 하나님의 마음을 알려주는 방향키다. 설교자는 청중에게 성경 말씀의 본문을 읽고 문자적으로 강요만 하지 않고, 하나님의 마음이 어떠한지를 말해주는 방향을 제시하는 것으로 충분하다.

해야 할 일에서 하나님의 마음으로 바꾸라

설교자가 하나님의 심정으로 청중에게 다가가서 청중이 나아갈 방향을 제시해야 한다. C.S. 루이스가 쓴 《고통의 문제》에 아브라함을 시험하신 하나님에 대해서 이렇게 말한다. "아브라함이 어떻게 행동할 것인지 이미 알고 계셨을 텐데, 왜 굳이 이런 불편한 괴로움을 주셨는가? 하나님이 무엇을 알고 계셨든지 간에 적어도 아브라함은 이 사건이 있기 전까지 자신이 과연 이런 명령까지 순종할 수 있는지 알지 못했습니다." CS 루이스는 하나님이 아브라함을 시험한 것처럼 보이는 이 장면이 사실은 하나님이 아브라함에게 그의 믿음을 스스로 깨닫게 해 주시기 위한 사건이라고 말한다. 이것이 하나님의 마음이다. 아브라함의 믿음을 시험하겠다는 것이 아니다. "너에게는 이런 믿음이 있어!"라고 알려 주시려는 것이다.

설교자가 청중에게 이 하나님의 마음을 알려 주면 "시험을 이겨야 한다."라는 강요가 "하나님이 너를 기대하고 계셔!"라는 초청이 된다. 설교자는 청중에게 믿음의 길을 강요하는 메시지가 아니라, 믿음의 길로 초청하는 방향을 제시해야 한다. 이렇게 살아야 한다는 강요가 아니라 하나님의 마음을 알려 주는 방향 제시가 삶을 바꾼다.

설교자가 청중에게 설교를 통해 '전도하라'고 하는 것은 강요다. 하나님이 왜 전도하라고 하시는가? 단순히 사망에서 살아난 사람을 넘어서 영혼을 살리는 사람으로 만들어 주시려는 것이다. '전도하라' 이 말이 숙제라면 '당신은 살리는 사람이 될 수 있습니다.'라고 말하는 것은 방향제시다.

설교자는 청중에게 하나님의 뜻만 강조하지 않고, 그 속에 있는 하나님의 심정을 알려주어야 한다. 전도하는 것은 영혼 구원을 위해서라고 말하면 강요다. 전도는 '나를 살리는 사람으로 만들어 주시는 하나님 사랑이다.'라고 전하는 것은 방향제시다.

강요	→	방향 제시(하나님의 마음)
전도하세요	→	전도의 사명이 나를 살리는 사람으로 만듭니다. 교인은 살리는 사람입니다. 하나님은 나를 살리는 사람으로 만들어 주십니다.

설교자가 청중에게 설교를 통해 '문제를 만나면 기도하라.'는 것은 강요다. 삶에 문제가 생겨서 힘든데 교회 가서 감당하기 힘든 숙제만 받은 기분이다.

하나님께서 문제를 만나면 왜 기도하라고 하실까? 문제만 보고 있으면 답을 보지 못한다. 그러니 문제에 주목하지 말고 하나님에게 주목하라는 것이 하나님의 마음이다. 문제만 보면 문제에서 일어설 수 없다. 하나님께 주목하면 일어날 수 있으니 하나님을 보라고 초청한다. 청중이 세상의 닫힌 문을 보면서 절망하지 말고, 열린 하늘을 보며 소망하라는 것이 방향제시다. 청중이 기도해야 하는 것은 하나님께서 하늘 문을 열고 기다리고 계심을 바라보도록 하기 위함이다.

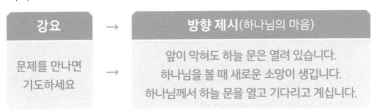

강요	→	방향 제시 (하나님의 마음)
문제를 만나면 기도하세요	→	앞이 막혀도 하늘 문은 열려 있습니다. 하나님을 볼 때 새로운 소망이 생깁니다. 하나님께서 하늘 문을 열고 기다리고 계십니다.

설교자가 청중에게 설교를 통해 '힘들어도 순종하라.'라고 하는 것은 강요다. 하나님은 왜 힘들어도 순종하라고 하시나? 라는 하나님의 마음을 말해줘야 한다. 하나님께서 순종을 말씀하시는 것은 하나님께서 하시는 일에 동참하라는 것이다. 하나님의 일을 함께 하자는 것이다. 하나님과 함께 걷자는 것이다. 하나님은 청중에게

하나님과 동행하자고 하신다. 이것이 설교에서 방향제시다. 설교자가 '지금도 하나님은 우리와 함께 걸어가기를 원하십니다.'라고 전하는 방향제시다.

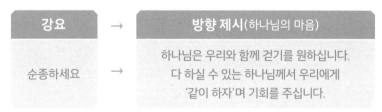

강요	→	방향 제시 (하나님의 마음)
순종하세요	→	하나님은 우리와 함께 걷기를 원하십니다. 다 하실 수 있는 하나님께서 우리에게 '같이 하자'며 기회를 주십니다.

　강요만 하는 설교는 들리지 않는다. 강요하는 대신 방향을 제시하는 설교에 청중은 귀를 열고 마음을 연다. 강요만 하는 대신 청중의 마음을 먼저 이해하고, 무엇보다 하나님의 마음을 전해야 한다.

석근대 목사

대구동서교회 위임목사이자, 사회교육전문요원과 목회컨설턴트이다. 저서로는 《일상에서 신앙 찾아가기》가 있으며, NAVER 검색어: 글 바느질과 마음 뜨개질, blog. naver, com>solom21로 활발하게 활동 중이다.

|ıı||ı|ı|ı||ı|ı|||ı|ı|ı|ıı|ıı|

설교 시간을 줄여라

설교 시간이 청중을 정신과 시간의 방에 갇혀 있게 하지 않는가?

얼마 전 작고한 토리야마 아키라 화백의 작품 〈드래곤볼〉에는 '정
신과 시간의 방'이란 용어가 나온다. 널리 알려진 용어는 아니다. 나
무위키라는 백과사전에 보면 이 공간을 이렇게 정의한다. "방 안에
들어가면 지구만한 새하얗고 아무것도 없는 공간이 펼쳐진다. 이
공간은 후덥지근하고 공기도 적고 중력도 지구의 10배 이상, 면적
은 지구 넓이와 똑같은 장소다. 아무것도 없는 공간인데다 크기는
지구와 같기 때문에 잘못 돌아다니다가는 영영 못 돌아오게 된다."

궁극적으로 이 공간은 집중을 위한 훈련의 공간이다. 그러나 개인적으로 이 공간을 작품에서 볼 때 마다 참 지루하겠다고 생각했다.

필자는 설교 시간에 아무 생각 없이 앉아 있는 청중을 볼 때마다 정신과 시간의 방에 갇혀있는 것은 아닌가 생각하곤 한다. 설교자의 긴 설교로 인해 어딘가에서 길을 잃고 헤매고 있는 청중, 졸린 눈꺼풀을 부여잡으며 집중을 하려는 분들이 떠오른다. 청중 대부분은 길고 긴 시간과의 전쟁을 치른다. 많은 내용이 포함되고 반복되는 내용으로 들리지 않는 설교가 이어진다. 이 설교가 울려 퍼지는 교회당 안에 청중은 '정신과 시간의 방'에 갇힌 꼴이다.

설교가 긴 것이 무조건 좋다고 말할 수 없다. 설교가 길다고 많은 진리를 담고 있지도 않다. 길면 오히려 내용을 해치기 쉽다. 한근태는 《일생에 한 번은 고수를 만나라》에서 말한다. "가방끈이 길다고 공부 잘하는 것이 아니다. 보고서가 두꺼울수록 내용은 부실하다. 부실한 내용을 양으로 메우려하기 때문이다. 말이 길수록 요점이 없는 경우가 허다하다. 세상 진리다." 설교도 시간을 길게 한다고 좋은 것 아니다. 도리어 설교 시간이 짧아서 좋을 수 있다. 핵심을 파악해, 짧게 설교할 때 청중이 '정신과 시간의 방'에 빠지지 않을 확률이 높다.

청중의 입장에서는 시간이 긴 설교가 좋은 설교는 아니다. 바울의 예를 보자. 사도행전 20장 7절에서 9절은 바울의 오랜 설교 끝에 떨어져 죽은 유두고라는 청년에 대해 묘사한다. 바울의 설교는 분명 청중의 삶을 파고든 최고의 설교였을 것이다. 깊은 진리의 말씀이었을 것이다. 그러나 그런 명설교도 길어지니 한 명의 청년이 졸다가 떨어져 죽는 사건이 발생했다. 바울의 설교도 이런 일이 생기는데, 만약 오늘의 청중이 창가에 걸터앉아 설교자의 설교를 듣는다고 생각해 보자. 우리는 얼마나 많은 청중을 죽일까?

설교 시간을 줄이는 3가지 방법

처음부터 설교를 길게 하겠다고 작정하는 설교자는 없다. 조금씩 늘어지다 보니 설교가 길어진다. 설교가 길어지는 큰 원인은 메시지가 정확하지 않기에 그렇다. 그런 점에서 설교자가 다음의 세 가지를 유의하면 훨씬 짧은 설교를 하게 된다.

첫째, 청중의 고민을 알아야 한다.

설교자는 무엇보다 청중이 어떤 삶을 살고 있는가에 대한 치열한 고민을 해야 한다. 많은 설교자가 그저 탁상공론을 논할 때가 많다. 김활 목사는 《기독교 바로 알기》라는 블로그에서 이렇게 말한다. "많은 이유가 있지만 가장 큰 이유가 설교에서 교인들이 어떤 삶을 살아갈지에 대해 설교자가 치열하게 고민한 흔적이 없기 때문이다."

둘째, 자신의 이야기를 많이 하지 말아야 한다.

손정의 회장의 멘토라는 이토 요이치는 《1분 전달력》에서 이렇게 말한다. 내 생각을 말하면 모두 들을 것이라 생각하지만, 상대는 하는 말의 80%는 듣지 않는다.

한일 장신대 정장복 명예총장은 국민일보 인터뷰에서 "잡다한 말을 많이 쓸수록 설교는 길어진다. 설교시간이 짧다고 성의 없는 게 아니다. 말씀의 뜻을 삶 속에 적용하도록 전달하는 데 25~30분이면 충분하다"라고 강조한다.

셋째, 자신의 언어로 표현해야 한다.

설교는 '아트'라는 말이 있다. 김도인 목사는 자신의 설교 강의를 아트설교로 표현한다. 많은 자료를 아우르고 설교자의 인격과 감성, 영성이 들어간 종합예술이기 때문이다. 그렇기에 하고픈 말을 어떻게 풀어내고 요약하고 정리하는가가 관건이 된다. 설교자가 이 작업에 실패하고, 자신의 언어로 만들지 못하면 요즘 세대가 말하는 TMI(Too Much Information)가 된다. 어떤 말이든 자신의 것이 되지 못한 말은 길어지는 것이 당연하다.

설교의 시간을 줄이려면 결론적으로 설교문이 짧아야 한다. 설교문을 짧게 적으려면 청중의 고민을 정확하게 파악하고 자신의 이야기를 줄여야 한다.

논점을 분명히 해야 한다

필자는 병약함으로 집중을 잘하지 못했던 때가 있었다. 당시 설교 준비는 대부분 산만했다. 아프니 설교가 산만할 것이라 생각했다. 원인은 다른 곳에 있었다. '논점'이 명확하지 않았기 때문에 산만했다. 논점이 정확하지 않으니, 내용이 길어졌다.

설교를 짧게 하려면 논점이 분명해야 한다. 히키타 요시아키는 《짧은 글을 씁니다》에서 이렇게 말한다. "하고 싶은 말을 감추고 논점을 흐리면 글은 늘어진다."

설교에 적용하면 이렇다. 설교자가 하고 싶은 말을 명확하게 표현하면 글은 자연스레 짧아진다. 설교 시간이 줄어든다. 논점이 정확하기에 청중들이 쉽게 기억한다.

논점이 분명함을 다른 말로 하면 원 포인트 설교다. 포인트가 분명해지면 짧은 시간에 필요한 내용을 정확히 전달할 수 있다. 곽희문 선교사의 《복음이면 충분합니다》에는 한 논점의 이야기가 얼마나 중요한지를 말한다.

"오랜 세월 바위 위로 떨어진 한 방울 한 방울의 물이 바위에 구멍을 낸다고 한다. 우리는 첫 방울이다." 설교자가 확실한 논점으로 메시지를 청중에게 전한다면 청중은 설교에 집중하게 된다. 선명한 하나님의 메시지가 청중의 막혔던 마음을 뚫어준다. 하나님께서 청중이 가지고 있던 삶의 문제에 구멍을 뚫어주신다. 설교자는 그저 분명한 논점으로 물방울 하나만 떨어뜨리면 충분하다.

우리는 너무 많은 것을 설교에 담으려 한다. 그 많은 것은 세 가지를 만든다. 졸음, 수면, 딴청 피우기다. 구미 사랑의 교회의 서기원 목사는 "정말 전해야 할 주제로 글을 다듬고 다듬으면 설교는 길어질 수가 없다."라고 말했다.

정확한 논점으로 설교할 때 '정신과 시간의 방'에서 헤매고 있는 청중을 들리는 설교로 초대할 수 있다.

이지철 목사

구미 사랑의교회 청년부 담당하고 있다.
칼빈 신학대학원 목회석사학 과정(M.DIV),
총회 신학원 신학과 수료했다.

05

사적 모임을 줄이고
독서에 더 시간을 할애하라

설교자, 시간 관리에 성공해야 한다

인생이란 시간을 어떻게 관리 하느냐에 따라 결정된다. 독일 중세 궁정 시인인 에센 바흐는 "시간을 지배할 줄 아는 사람이 인생을 지배할 줄 아는 사람이다."라고 이야기했다. 시간은 누구에게나 공평하게 주어져 있다. 어떻게 관리하느냐에 따라 인생이 달라진다.

목회자도 시간 관리가 중요하다. 한국의 설교자만큼 바쁜 목회자도 없다. 2023년 목회데이터연구소에서 조사한 설교자의 한 주간 설교 평균 횟수는 5.9회였다. 2012년의 7.5회 보다는 많이 줄었지만, 아직도 하루 평균 1회 정도의 설교를 하고 있다. 주일 설교 평균 준비 시간은 8시간 54분이었다. 주일 설교 외에 다른 설교 준비 시간은 조금 줄어들겠지만, 적지 않은 시간을 설교 준비에 사용하고 있다. 매일 설교를 준비하고 심방을 가는 것만으로도 많은 시간을 할애해야 한다.

늘 바쁘다고 말하는 설교자가 많다. 설교자는 부족한 시간을 알차게 관리해야 한다. 설교자에게 시간이 부족하다면 가장 중요한 것부터 해야 한다. 스티븐 코비는 《성공하는 사람들의 일곱 가지 습관》에서 "가장 중요한 일부터 하라"라고 조언한다.

설교자는 중요한 것과 급한 것을 나눌 줄 알아야 한다. 설교자에게 가장 중요한 것은 독서다. 들리는 설교를 하기 위해서는 성경을 바르게 해석할 수 있는 바른 성경관, 바르게 해석한 성경을 청중에게 잘 전달할 수 있는 논리력, 자신의 논리를 뒷받침해야 할 논증 자료, 설명하고 논증한 내용을 적용하게 할 인문학적 소양이 필요하다. 이 모든것을 뒷받침할 능력이 독서에서 나온다.

적은 시간 속에서도 가장 먼저 해야 할 것은 독서다. 설교자가 최우선으로 확보해야 할 시간은 독서 시간이다. 설교자에게 독서 시간이 없다는 것은 무언가를 포기하지 않기 때문이다.

시골 의사 박경철은 《자기혁명》에서 "시간이 없다는 말은 위선이다. 시간은 늘 충분하다. 단지 우리가 무언가를 포기하지 않기 때문에 새로운 것에 도전할 시간이 없는 것이다."라고 말한다. 설교자는 자신이 무엇에 시간을 사용하고 있는지 점검해야 한다.

설교자는 들리는 설교를 하고자 한다. 들리는 설교를 하기 위해 필요한 것은 많은 독서량이다. 사적 모임을 줄이고 독서 시간을 우선 늘려야 한다.

설교자는 독서하는 사람이다

미디어 사용량은 해를 거듭하며 늘고 있다. 앱 분석 서비스 와이즈앱이 조사한 결과를 보면 1인당 유튜브 사용 시간이 매년 늘고 있다. 2019년 매달 21시간에서 2024년 매달 40시간으로 두 배 늘어났다. 유튜브는 한국에서 유독 빠른 속도로 성장하고 있다.

반면 독서량은 지속해서 줄고 있다. 2023년 국민 독서 실태 조사를 보면 13세 이상 인구의 절반 이상은 독서를 하지 않는 것으로 나타났다. 2023년 우리나라 성인 10명 가운데 6명 정도는 1년 동안 책을 단 한 권도 읽지 않은 것으로 나타났다. 우리나라 성인의 연간 종합독서량은 3.9권으로 전 조사가 이뤄진 2021년보다 0.6권 줄었다. 한국의 독서량은 OECD 회원국 가운데 가장 낮은 수치다.

그렇다면 기독교인의 독서량은 어떻게 될까? 한국기독교목회자

협의회가 조사한 한국인의 종교 생활과 의식조사를 살펴보면 1998년 한 달 1.7권에서 2022년 한 달 1권으로 줄어들었다. 목회자의 독서량은 한 달 평균 신앙 서적 2.9권, 일반 서적 1.9권이었다. 청중들과 비교해 설교자가 더 많은 독서를 하는 것은 맞다. 그러나 한 달에 4권의 책으로 한 달 24번의 설교를 감당할 수는 없다.

최고의 설교자로 평가받는 찰스 스펄전은 일주일에 6권 이상 독서를 했다. 감리교 창시자 요한 웨슬리는 "책을 읽기 싫다면 목회자가 되지 말라."라는 말도 했다. 목회자는 독서가가 되어야 한다.

세계 리더들의 공통적인 습관은 독서였다. 세상을 움직이는 힘이 독서에서 나오기 때문이다. 미국의 사상가이자 시인이며 목사인 랄프 왈도 에머슨은 "책을 읽는다는 것은 많은 경우, 자신의 미래를 만든다는 것과 같은 뜻이다."라고 말한다.

독서는 인생을 바꾸는 힘이 있다. 독서를 통해 수많은 저자의 생각과 지혜를 흡수할 수 있다. 만약 지금까지 살아왔던 삶이 문제가 없다면 독서하지 않아도 괜찮다. 그렇다면 지금과 같은 인생을 앞으로도 살게 될 확률이 높다. 그러나 어제보다 조금이라도 성장한 모습으로 살고 싶다면 독서는 반드시 해야 한다.

독서는 쉬운 길로 가는 것이 아니다. 성장의 길로 가는 것이다. 변화는 쉽게 찾아오지 않는다. 습관적으로 쉬운 길만 가려고 하는 관성과 싸워야 한다. 설교자는 청중의 인생을 책임지는 막중한 사명이 있는 사람이다. 쉬운 길만 찾아가는 사람이 아니다. 설교자는 독서하는 사람으로 살아가야 한다.

설교자의 독서법

설교자는 일단 책을 읽는 것이 중요하다. 아무 책이나 읽기 시작해야 한다. 처음부터 너무 어려운 책이 아니라 쉬운 책부터 읽어야 한다. 운동을 많이 하면 근육이 생기듯 독서에도 근육이 있다. 처음부터 두껍고 어려운 전문 서적이 아니라 자기계발서 같은 간단하고 쉬운 책부터 시작하는 것이 좋다. 한 권, 두 권 읽기 시작하면 독서의 근육이 붙고 전문적인 책도 읽을 날이 오게 될 것이다.

'양질 전환의 법칙'이 있다. 양의 변화가 극에 달해야 질적 변화가 일어난다는 말이다. 양이 터무니없이 적다면 그 어떤 효과도 기대하기 힘들다. 그래서 많은 양의 독서를 먼저 한 다음, 높은 질의 독서를 해야 한다.

김병완은 《48분 기적의 독서법》에서 "3년간 하루 48분의 자투리 시간을 활용하여 1,000권 책을 읽어라, 그러면 비약적으로 성장하며 삶이 달라질 것이다."라고 말한다. 어떤 책을 읽을까 고민하기 전에 일단 읽기 시작하는 것이 중요하다.

한 권의 책을 읽었다고 해서 커다란 변화가 일어나지 않는다. 한

권의 책에서 하나의 깨달음만 얻으면 된다. 한 권에서 하나의 깨달음을 얻었다면 100권의 책이라면 100개의 깨달음을 얻는다.

한 번의 독서로 책 내용을 100% 이해하려고 하면 안 된다. 처음부터 끝까지 꼼꼼하게 읽으려고 하는 이유는 학창 시절 형성된 읽기 습관 때문이다. 암기 위주의 주입식 교육에서나 필요한 방법이다. 창의력 시대인 지금 모든 내용을 다 알 필요는 없다. 암기력보다 사고력이 중요하다. 나에게 필요한 한 가지 깨달음만 얻어도 된다. 가벼운 마음으로 책을 읽으면 된다.

독서하는 이유는 모든 정보를 얻기 위해서가 아니라 사고력을 키우기 위해서다. 故 이어령 교수는 "나는 책을 끝까지 다 읽어본 적이 없다. 그냥 훌훌 넘기면서 우연히 와 닿는 것이 내게 영감을 주기 때문이다."라고 말한다. 모든 정보를 다 이해하려고 하지 말고 나에게 필요한 것 하나만 찾는 독서를 하면 된다.

독서의 진정한 가치는 책의 내용을 전부 기억하는 것이 아니라 자신과 세상을 다르게 볼 수 있게 해주는 1%를 찾는 데 있다.

설교자의 독서 3단계

설교자는 독서를 삶의 일부분으로 해야 한다. 설교자의 독서는 크게 3단계로 나뉜다.

첫째, 성경을 읽어야 한다. 성경은 하나님의 말씀 그 자체다. 성경을 읽지 않고 설교자의 본분을 다할 수 없다.

둘째, 경건 서적을 읽어야 한다. 경건 서적은 신앙의 깊이를 더해 준다.

셋째, 인문학 서적을 읽어야 한다. 문학, 역사, 철학을 비롯한 다양한 서적을 읽음으로 지성과 감성의 풍부함을 누릴 수 있다.

아직도 많은 설교자가 성경이면 충분하다고 말한다. 성경은 하나님이 주신 말씀이다. 하나님이 주신 것은 다 좋다. 그렇다면 세상에 존재하는 모든 책도 하나님이 주신 것이다. 성경으로 하나님을 알 수 있다면 세상에 존재하는 다양한 책으로 세상을 알 수 있다.

설교자의 약점은 두 가지다. 첫째는 독서하지 않는다는 것이다. 둘째는 독서를 편식한다는 것이다. 설교자는 하나님 말씀에 전문가가 되어야 한다. 동시에 청중을 이해하는 전문가도 되어야 한다. 들리는 설교를 하기 위해 가장 중요한 것은 사고력이다. 넓고 깊은 사고력을 가질 때 들리는 설교를 할 수 있다.

지금까지 우리는 들리는 설교가 필요한 이유와 들리는 설교를 하기 위해 갖추어야 할 가장 기본적인 덕목들에 대해서 살펴보았다. 그 모든 일을 실행 할 수 있게 하는 힘이 독서에 있다. 설교자는 독서 시간을 확보하는 일에 최선을 다해야 한다.

독서는 현실을 보는 선물이다

설교자는 하나님과 청중을 함께 알아야 한다. 어느 한쪽으로 치우쳐서는 안 된다. 하나님은 성경을 통해 알 수 있다. 청중은 독서를 통해 알아가야 한다.

설교자는 말씀의 전문가이지만 세상을 바라보는 나름의 독창적인 시각도 필요하다. 청중은 하나님의 백성이지만 세상에서 살아가기 때문이다. 세상을 알아가는 지식은 독서를 통해 쌓을 수 있다.

토니 레인케는 《독서신학》에서 "비기독교 서적은 진리를 인식하고 소중히 여기게 한다. 비기독교 서적을 거부하는 것은 하나님의 선물을 거부하는 것이다."라고 말했다. 설교자는 하나님의 선물인 책을 통해 청중을 알아가는 데 힘써야 한다.

아이폰을 발명한 스티브 잡스의 프레젠테이션은 유명하다. 스티브 잡스는 새로운 제품을 발표할 때마다 직접 프레젠테이션을 주도한다. 사람들은 그를 주목한다. 그가 했던 발표 내용이 아주 현실적이기 때문이다. 그에게는 사람들의 필요한 부분을 보여주는 재주가 있었다. 그런 스티브 잡스가 한 유명한 말이 있다. "제가 세상에서 가장 좋아하는 것은 책과 초밥입니다." 그의 현실적인 감각이 초밥에서 나왔을 리는 없다. 독서가 그를 현실을 잘 이해하는 사업가로 만들었다.

독서는 현실을 보게 하는 선물이다. 독서에 담을 쌓고 살아가는 설교자는 좋은 설교를 할 수 없다. 현실을 모르고 하는 설교가 좋은 설교일 수 없다. 설교자가 현실감각이 뛰어날수록 청중에게 잘 들리는 설교를 할 수 있다. 설교자는 독서를 통해 현실적인 감각을 키워야 한다.

김현수 목사

행복한나무교회 담임이다.
저서는 《메마른 가지에 꽃이 피듯》이 있다.

06

설교 글쓰기에서
승부수를 던져라

말쟁이&글쟁이

설교자는 말쟁이자 글쟁이다. 말의 힘은 세다. 오바마, 노무현, 김대중 모두 '말의 힘'으로 대통령에 당선됐다. '말 한마디로 천 냥 빚을 갚는다.'라는 속담도 있다. 말은 사람의 마음을 움직인다. "죽고 사는 것이 혀의 힘에 달렸나니 혀를 쓰기 좋아하는 자는 혀의 열매를 먹으리라(잠18:21)" 성경은 죽고 사는 것이 말의 힘에 달렸다고까지 말씀한다. 설교자는 말쟁이다. 특히 하나님의 말씀을 전하는 말쟁이다. 하나님의 말씀을 전하는 말쟁이는 말을 잘해야 한다. 하지만 설교자는 말쟁이 이전에 글쟁이가 돼야 한다. 사람들은 설교자를 말쟁이라고 생각하지 글쟁이라고 생각하지 않는다. 설교자 자신도 마찬가지다. 착각이다.

설교는 말하는 것이 먼저가 아니다. 설교 글을 먼저 써야 한다. 이런 측면에서 설교자는 말쟁이보다 먼저 글쟁이가 돼야 한다. 김도인 목사는 이렇게 말한다. "설교의 시작은 글쓰기다. 설교의 마침도 글쓰기다. 글을 써야 설교를 할 수 있다. 그러므로 설교자는 말쟁이 이전에 '글쟁이'가 돼야 한다. 그것도 세상의 문학 작품과 견주어 뒤지지 않을 수준의 글을 써야 한다. 글 수준이 탁월하지 않으면 문학적 역량을 중시하는 사회를 살아가는 청중이 설교에 매력을 느끼기가 힘들다." 설교의 시작과 끝은 말이 아니다. 설교의 시작과 끝은 글이다. 설교자는 말쟁이 이전에 글쟁이가 돼야 한다. 그것도 탁월한 글쟁이가 돼야 한다. 이외수는 《글쓰기의 공중부양》에서 "글이란 정신의 쌀이다."라고 한다. 필자는 이렇게 말하고 싶다. "설교 글이란 영혼의 쌀이다." 설교자는 설교 글로 청중의 영혼을 살찌게 하는 글쟁이가 돼야 한다.

설교 글쓰기에 승부를 걸어야 하는 이유

설교자는 설교 글쓰기에 승부를 걸어야 한다. 그 이유는 크게 3가지다.

첫째, 설교자는 리더이기 때문이다. 리더는 글을 쓸 수 있어야 한다. 강원국은 《대통령의 글쓰기》에서 "민주주의 시대 리더는 말을 하고 글을 쓰는 사람이다. 리더는 자기 글을 자기가 쓸 줄 알아야 한다."라고 한다. 송숙희의 《150년 하버드 글쓰기비법》에 이런 내용이 나온다. 하버드대 로빈 워드교수가 40대의 하버드 졸업생 1,600명을 상대로 설문조사를 했다. 설문조사 가운데 "하버드 학습 과정 중 무엇이 가장 도움이 되었냐?"라는 질문이 있다. 90%가 '글쓰기'라고 답한다. 하버드대 출신은 대부분 리더의 자리에 있는 사람이다. 리더의 자리에 있는 그들에게 글쓰기가 가장 큰 힘이 되었다는 의미다. 21세기는 글쓰기가 안 되면 리더가 될 수 없다. 리더는 자기만의 콘텐츠를 가지고 자기 글을 쓸 수 있어야 한다. 설교자는 스스로 리더라고 생각하지만 자기의 글을 쓸 수 있는 사람이 얼마나 될까? 자기만의 설교 글을 쓰는 사람이 얼마나 될까?

둘째, 설교 표절을 하지 않기 위해서다. 오늘날 설교 표절은 심각한 문제다. 2007년 기독교윤리실천 운동본부가 교역자 363명을 대상으로 "설교 준비, 설교문 작성 실태 및 의식조사"를 실시했다. 조사에서 타인의 설교를 그대로 사용한 경험이 있다고 답한 사람이 43%였다. 17년 전에 절반 가까운 설교자가 타인의 설교를 표절했다. 미디어가 발달한 지금은 말할 것도 없다. 설교를 표절하는 이유가 무엇인가? 글쓰기가 안 되기 때문이다. 자신만의 설교 글을 쓸 만한 실력이 없기 때문이다. 필자도 예전엔 설교를 표절했다. 하나님과 청중들에게 늘 죄송했다. 설교 글을 쓰지 못하니 목회를 그만 둬야 되겠다는 생각까지 했다. 이젠 설교 표절에서 해방되었다. 나만의 설교 글을 쓸 수 있게 되었다. 나만의 설교 글을 쓸 만한 실력이 없으면 설교 표절의 유혹은 물리치기 어렵다. 설교 글쓰기에 승부수를 던져라. 설교표절에서 자유롭게 될 것이다.

셋째, 들리는 설교하기 위해서다. 설교 글은 일반 글과 다르다. 일반 글은 지식과 정보를 줄 수 있다. 감동과 재미도 줄 수 있다. 하지만 영혼을 살리지는 못한다. 설교 글은 영혼을 살린다. 설교 글이라고 무조건 영혼을 살리는 것이 아니다. 청중의 영혼을 살리기 위해서는 설교가 들려야 한다. 들리는 설교하기 위해서는 설교 글을 잘 써야 한다. 위대한 설교가이자 저술가인 조나단 에드워즈는 설교를 읽는 사람이다. 설교를 읽기만 했는데도 성령의 역사가 강력하게 일어났다. 청중들이 변화되었다. 설교 글이 좋을 때 설교는 들리게 된다. 청중의 삶 가운데 변화가 일어난다. 그렇다면 설교자는 설교 글쓰기에 승부를 걸어야 한다.

설교 글쓰기 이렇게 연습하라

글은 같은 내용이라도 어떻게 쓰느냐에 따라 느낌이 달라진다. 백승권의《글쓰기는 처음입니다》에서 나오는 내용을 조금 각색해 보았다. 뉴욕 거리에서 시각장애인이 구걸하고 있었다. 시각장애인 앞에 놓인 종이에는 이런 글귀가 적혀있었다. '저는 시각장애인입니다. 도와주십시오.' 사람들은 글귀를 보고도 별다른 표정 없이 지나갔다. 가끔 한두 사람이 동전을 던져주기도 했다. 시각장애인을 본 앙드레 볼튼이라는 시인이 글을 고쳐주었다. '봄이 옵니다. 그런데 저는 그것을 볼 수 없습니다.' 글을 본 많은 사람들이 친절하게 시각장애인에게 동전을 놓고 갔다. 같은 내용이지만 사람의 마음을 움직이는 글은 다르다. 설교 글은 청중의 마음을 움직이는 글이 돼야 한다. 그러면 설교 글쓰기 어떻게 연습할 것인가?

첫째, 닮고 싶은 설교를 베껴 써야 한다. 설교자는 누구나 설교 글을 잘 쓰고 싶다. 하지만 글은 생각만큼 잘 써지지 않는다. 글을 쓰기 위해 해야 할 일은 베껴 쓰기다. 숭실대학교 문예창작과 남정욱 교수는 "글쓰기의 최상은 잘 베끼는 것이다."라고 한다. 모방은 창조의 어머니다. 해 아래 새것은 없다. 자기만의 설교 글을 쓰기 위해서는 따라 하기부터 해야 한다. 탁월한 실력가가 아니고는 처음부터 자기만의 글을 쓸 수 있는 사람은 없다.

《나의 문화유산 답사기》의 저자 유홍준은 알퐁스 도데의《별》과 이효석의《메밀꽃 필 무렵》을 200번씩 베껴 썼다고 한다. 지식생태

학자이자 한양대학교 교수인 유영만도 《브리꼴레르》에서 이렇게 말한다. "좋은 글을 많이 읽고 흉내 내다보면 점점 자신의 글쓰기 방식으로 체화해간다." 설교 글도 마찬가지다. 흉내 내기부터 해야 한다. 좋은 설교 글을 베껴 쓰고 흉내 내다보면 점점 자신만의 설교 글쓰기 방식이 체화될 것이다.

둘째, 설교 원고를 빠짐없이 써야 한다. 원고를 쓰지 않고 설교하는 설교자가 있다. 설교 원고를 쓰지 않으면 설교자는 성장할 수 없다. 글쓰기 실력이 향상될 수 없다. 존 스토트는 《존 스토트의 설교》에서 이렇게 말한다. "설교문을 작성하는 것은 매우 값진 훈련입니다. 첫째로 설교문 작성은 사고를 명료하게 합니다. 장황하게 설교하는 사람은 교묘한 언변으로 허술한 사고를 감출 수 있지만 종이에 쓴 글의 허점을 보이지 않게 덮어 버리는 일은 훨씬 어렵습니다. 우리가 정직하다면 이는 사실상 불가능합니다. 둘째로 설교문 작성은 늘 쓰는 똑같은 구절을 거듭 반복해서 사용하지 않도록 돕습니다. 원고를 쓰는 이는 오래된 진리를 새롭게 표현하는 방법을 찾게 됩니다."

《목회자의 글쓰기》에서 강준민 목사는 이렇게 고백한다. "1989년 로고스교회를 개척하고 본격적으로 설교문을 쓰기 시작했을 때 그 작업은 고통 그 자체였다. 뼈를 깎는 아픔과 피를 말리는 고통을 겪었다. 아무리 머리를 쥐어짜도 나오지 않는 언어들 때문에 힘겨웠다. 하얀 종이 한 장을 채우는 것이 얼마나 힘들었는지 모른다. 포기하고 싶은 순간이 많았다. 주일은 너무 빨리 찾아왔다." 강준민 목사도 이런 과정을 거쳐 훌륭한 설교자이자 베스트셀러 작가가 됐다. 필자는 대구에서 목회할 때 주일예배, 오후예배, 수요예배, 금요기도회, 새벽기도회 등 모든 설교 원고를 다 썼다. 글쓰기 훈련이라고 생각했다. 이런 과정을 통해 필자도 설교집을 4권이나 출간했다. 모든 설교를 글로 쓴다는 것은 어려운 일이다. 시간도 오래 걸린다. 그래도 해야 한다. 성장은 쉽게 이뤄지지 않는다.

셋째, 한 주제로 매일 글쓰기를 해야 한다. 강원국은《강원국의 글쓰기》에서 이렇게 말한다. "글을 잘 쓰는 비결을 말하려면 나는 '3습'을 꼽는다. 학습, 연습, 습관이다. 그중 하나를 꼽으라면 단연코 습관이다. 단순 무식하게 반복하고 지속하는 것이다. 글쓰기 트랙 위에 자신을 올려놓고 글쓰기를 일상의 일부로, 습관으로 만드는 것이다. 밑 빠진 독에서도 콩나물은 자란다." 김도인 목사도《설교는 글쓰기다》에서 이렇게 주장한다. "매일 성장하지 못한 것은 매일 자기 글을 쓰지 않았다는 반증이다. 매일 글을 쓰면 놀랍도록 성장한다. 다른 말로 설교가 눈에 띄게 성장한다. 그런데 20년, 30년 목회를 했는데도 설교의 성장을 이루지 못한 것은 매일 자기 글을 쓰지 않았기 때문이다."

설교자는 성장을 위해 설교 글도 써야 하지만 다른 글도 매일 써야 한다. 글쓰기가 습관이 돼야 한다. 매일 글을 쓴다는 것은 어려운 일이다. 어떻게 글을 써야 할지 감이 잡히지 않는다. 먼저 성경에 나오는 주제들을 가지고 자기만의 글을 써보라. '사랑, 감사, 인내, 용서, 화해, 화평, 영성, 순종, 천국, 지옥, 십자가, 부활, 회개, …' 또한 일상에서나 책에서 주제를 찾아 글을 써야 한다. 조금만 관심을 가지면 글감들은 널려있다. 쓴 글은 설교에도 활용할 수 있다.

졸필이지만 필자가 쓴 글을 소개해 본다. 먼저 '십자가는 영수증이다'라는 주제를 가지고 쓴 글이다. "삶은 관계다. 이 땅에 태어나 부모로부터 시작해 죽을 때까지 관계를 맺는다. 관계 맺기에서 제일 중요한 것은 신뢰다. 신뢰가 깨지면 관계도 깨진다. 서로 간의 신뢰를 위해 상거래 할 때 카드나 현금을 지불하고 꼭 받는 것이 있다. 영수증이다. 영수증은 믿음이다. 영수증은 확증이다. 돈을 지불한 것에 대해 불신할 때 어떤 말을 할 필요가 없다. 영수증만 보여주면 된다. 영수증이 확실한 증거가 된다. 영수증은 버려지면 쓰레기지만 필요할 땐 엄청난 가치를 발휘한다. 해결사가 된다. 이스라엘 백성은 하나님께서 관심이 없다고 우길 때가 있었다. 사랑하지 않는다고 으름장을 놓을 때도 있었다. 이것은 이스라엘 백성뿐만 아니라 현재를 살아가는 그리스도인도 마찬가지다. 이런 사람들에게 바울은 이렇게 말씀한다. "우리가 아직 죄인 되었을 때에 그리스도께서 우리를 위하여 죽으심으로 하나님께서 우리에 대한 자기의 사랑을 확증하셨느니라(롬5:18)." 예수님께서 십자가에 죽으신 것은 우리를 향한 하나님 사랑의 확증이라고 말씀한다. 곧 예수님의 십자가가 우리를 향한 하나님의 영수증이다. 십자가가 불신자에게 아무것도 아닌 것처럼 보이지만 하나님께서 우리를 얼마나 사랑하는지에 대한 확실한 영수증이다."

축구를 보면서 '슈팅'이라는 주제로 쓴 글이다. "인생은 타이밍이다. 웃어야 할 때 웃어야 하고 울어야 할 때 울어야 한다. 일해야할 때 일하고 쉬어야 할 때 쉬어야 한다. 반대로 하면 안 된다. 세계인들에게 가장 인기 있는 스포츠 경기는 축구다. 축구에서 제일 중요한 것은 슈팅이다. 슈팅을 통해 골을 많이 넣어야 승리한다. 슈팅에서 제일 중요한 것은 타이밍이다. 정확도다. 힘과 스피드만으로는 안 된다. 슈팅을 잘해 골을 넣으면 환호성이 나오지만 실축하면 야유가 터져 나온다. 그만큼 슈팅은 중요하다. 그리스도인에게 중요한 것은 나의 타이밍이 아니라 하나님의 타이밍이다. 나의 때가아니라 하나님의 때다. 하나님의 때를 정확히 알고 하나님의 때를 기다려야 한다. 하나님의 타이밍에 맞추면 그것이 나의 삶의 터닝포인트가 된다."

설교자에게는 세 가지 길이 있다. 첫째, 실력을 키운다. 둘째, 포기한다. 셋째, 다른 사람에게 위임한다. 어떤 길을 선택하겠는가? 실력을 키워라. 설교 글쓰기에 승부를 걸어라. 그러면 행복한 설교자가 될 것이다. 들리는 설교를 하게 될 것이다.

이재영 목사

아트설교연구원 부대표이다.
저서로는《신앙은 역설이다》,
《말씀이 새로운 시작을 만듭니다》,
《감사인생》 등이 있다.

07

다른 설교 카피하지 마라

카피 때문에 코피를 흘려보다

요즘은 너나없이 카피에 민감하다. 심지어 자기 표절도 걸리는 시대이기 때문이다. 비록 자기가 쓴 글이라도 하더라도 함부로 출처 없이 인용하면 시비에 휘말리게 된다. 출처에 민감한 시대, 그러나 일부 설교자들은 여전히 둔감한 시대를 산다. 출처를 밝히지 않고 남의 설교를 그냥 가져다 쓴다. 다른 설교자의 노력을 쉽게 자신의 설교에 붙여넣기 한다. 둔감함이 민감함에 의해 밝혀질 그 어느 날, 카피한 설교가 설교자의 코피가 될 수 있다. 언제가 될지는 모르지만 카피하면 코피 터진다.

카피에 대한 엄격한 교육이 중요하다. 신학교 시절부터 '출처 없는 카피는 범죄다'라는 것을 엄격하게 가르치면 좋겠다. 가르치지 못하면 세 살 버릇 여든까지 가기 때문이다. 기실 신학생들의 카피는 자못 심각한 수준이다.

벌써 8년도 더 지난 이야기다. 필자는 일반 대학원부터 진학했고, 첫 번째 발제를 앞두고 있었다. 종교학 시간이니만큼 다양한 종교의 논문을 인용하여 발제문을 준비했다. 발표 당일, 시작과 동시에 발표가 중단되었다. 발제문의 각주를 본 교수님 왈, "우리는 신학대학원 논문은 각주로 인정하지 않습니다. 카피율이 너무 심하기 때문입니다. 일주일 줄 테니 신학대학원 각주는 모두 삭제하고 다시 발제문을 적어오세요." 그날로부터 3일을 자지 못했다. 카피한 글을 알아보지 못한 덕분에 결국 코피가 터지고 말았다.

신학대학교 졸업 논문을 본 적이 있는가? 석사 논문도 크게 다르지 않다. 일단 도서관에 가서 한 가지의 주제로 몇 개의 논문을 가져와 보면 알 수 있다. 카피율이 정말로 높다. 분명 학교도 다르고 제출자도 다른데 문장이 같다. 심지어 어떤 글은 각주도 없다. 그런 글을 썼던 학생들이 자라서 설교자가 되었다. 여전히 남의 설교를 자신의 설교처럼 쓰고 있다.

모 교회 사역 시절, 카피로 인해 사임을 했던 한 교역자가 생각난다. 그의 설교는 나이에 맞지 않게 깊이가 있었다. 본문을 주해하는 능력이 탁월했다. 비교하면 안 되지만 너무 비교되었다. '나는 왜 이럴까? 왜 나는 저런 깊이 있는 실력이 나오지 않을까?' 후에 필자가 먼저 사역지를 옮기고 나중에 그 교역자의 소식을 듣게 되었다. 권고사직. 이유는 설교 카피. 한 교인이 그의 설교가 카피인 것을 알게 되었고, 교회에 문제를 제기했다. 안타깝지만 이런 일이 생각보다 많이 일어나고 있다.

설교문 카피는 범죄다. 들키지 않았다고 해서 범죄가 아닌 것은 아니다. 출처를 명확하게 밝히지 않고, 마치 자신의 것인 것처럼 쓰는 순간 죄는 이미 시작되었다. 김영봉 목사는 《설교자의 일주일》에서 분명하게 말한다. "표절은 죄입니다. 자신을 속이고 회중을 속이고 하나님을 속이는 것이며 엄연한 지적 도둑질이므로 죄입니다. 또한 그것은 독입니다. 잠시 동안에는 효력을 볼 수 있을지 몰라도 결국 자신과 회중을 죽게 합니다." 카피는 시작부터 죄이고 독인 것이다. 아직 코피를 보지 못했다고? 아니다. 이미 영적으로는 심각한 코피를 흘리고 있는 중이다.

'자수해서 광명 찾자.' 오래된 표현이긴 하나 오늘 필자를 포함한 모든 설교자에게 가장 필요한 표현이기도 하다. 그냥 밝히면 된다. 이 글이, 이 표현이 나의 표현이 아니라 누군가에게서 가져왔음을 명확하게 고백하면 된다. 그렇게 하면 내 마음이 평안하다. 교인들도 평안하다. 남의 것을 몰래 카피해서 불안한 것보다 명확하게 밝히고 마음의 평안을 누리는 것이 훨씬 낫지 않을까? 그런 설교가 훨씬 더 편안하게 들리는 것은 오직 필자만의 마음일까? 아마 대부분의 청중들도 같은 마음일 것이다.

카피, 치명적인 독이 될 수 있다

오늘의 편안함을 부르짖으면 내일은 눈물을 흘리게 될 수 있다. 지금 편하고 달콤한 것은 나중에 독이 될 때가 많다. '맛있으면 0칼로리!', '공부는 내일부터!'와 같은 달콤함과 편안함에 속으면 지금은 웃지만, 내일은 눈물을 흘리게 될지도 모른다.

설교자도 마찬가지다. 남의 설교를 가져오는 것은 일단 지금은 편하다. 그러나 그 편안함에 속아 눈물 흘릴 날이 머지않다. 출처 없는 카피는 언젠가 설교자를 죽게 만든다.

코피로 죽을 수도 있을까? 일반적인 경우 코피로 죽기는 힘들다. 그러나 코피가 많이 나면 기도가 막히고 이것이 질식사로 죽을 수는 있다. 훈족(Huns)의 왕 아틸라(Attila)는 대제국을 건설한 왕이다. 그의 허망한 죽음에 대한 여러 가지 설이 있다. 영문판 위키피디어를 보면 이런 글도 적혀있다. "그는 심한 출혈을 겪으며 숨을 거두었다. 그는 코피를 흘리고 목이 막혀 기절했을 수도 있다" 코피 때문에 죽지는 않았지만, 코피가 죽음을 앞당기는 한 가지의 요인으로 작용했다.

설교자도 마찬가지다. 카피 자체로는 죽지 않는다. 카피 몇 번 했다고 설교자의 생명력이 사라지는 것은 아니다. 그러나 아틸라처럼, 언젠가 그 카피가 설교자의 숨통을 막을 것이고, 영적인 질식사로 이어지는 요인이 될 수 있다. 위급한 순간에는 아주 작은 요인이 치명적인 독이 될 수도 있기 때문이다.

그런 점에서 설교자들은 외신의 태도를 좀 배울 필요가 있다. 외신은 한국 언론보다 카피에 민감하다. 미디어 오늘(2019.4.24) 신문에는 블룸버그 취재 윤리 지침서를 설명하고 있다. 블룸버그 취재 윤리 지침서에 의하면 '표절은 타인의 결과물을 표기 없이 베끼는 것'이라고 정의하며, "표절은 절대 용납될 수 없다. 어길 경우에는 해고될 준비를 하라"고 밝힌다. 대조적으로 몇 년 전 한국의 모 신문사가 SBS 취재파일을 표절한 경우가 있었다. 어떻게 되었을까? 그냥 기사를 삭제한 것으로 끝났다. 외신에선 표절하면 해고를 각오해야 하지만, 우리는 그냥 삭제만 하고 끝났다.

설교자는 출처 없는 카피에 대해서 심각하고 진중하게 받아들여야 한다. 들키지 않았다고 해서 그것을 영원토록 숨길 수는 없다. 나 자신을 먼저 속이기 시작하는 순간, 그것은 곧 치명적인 독이 될 수 있는 씨앗을 품고 있는 것과 같다. 마치 곧 터질 시한폭탄을 품고,

강대상 위에 있는 어리석은 사람과 같다.

편집자가 아니라 작성자가 되어야 한다

작금의 모든 설교자는 선택의 길에 있다. 편집자가 될 것인가? 작성자가 될 것인가?

편집자는 '붙여넣기' 설교자이다. 먼저 본인이 설교하고 싶은 주제를 정한다. 웹사이트를 열어 그 주제와 비슷한 설교를 검색한다. 마음에 드는 설교 몇 개를 추린다. 그 설교들을 자세히 살펴보고, 마음에 드는 부분들을 조금씩 가져와 편집한다. 그렇게 편집한 것들을 하나로 만들어 자신의 것처럼 보이는 설교를 완성한다.

작성자는 '창조하기' 설교자이다. 먼저 본인이 하고 싶은 설교의 주제가 정해지면 계속해서 어떻게 설교를 작성할 것인가를 기도하며 고민한다. 성경을 읽으며 어떻게 주제를 그려갈지 밑그림을 그린다. 막히는 부분이 있으면 주석도 보고, 일반 서적도 참고한다. 그렇게 아주 조금씩 조금씩 자신만의 그림을 완성해 간다. 물론 쉽지는 않다. 그러나 그렇게 조금씩 자신만의 설교를 완성한다.

과연 우리는 어떤 설교자의 모습을 하고 있는가?

우리가 최종적으로 지향하는 설교자는 편집자인가 아니면 작성자인가?

물론 매번 새로운 설교를 작성하는 것, 이것은 절대 쉬운 일이 아니다. 머리가 터지는 일일지도 모른다. 그럼에도 설교자는 자신만의 설교를 창조해 낼 수 있어야 한다. 그런 점에서 스캇 깁슨은 《설교 표절로부터의 해방》이라는 책에서 설교자에게 몇 가지의 지침을 소개한다.

첫째, 독창성을 발휘하라. 그러니까 인터넷부터 기웃거리지 말라는 이야기다. 설교자는 스스로 먼저 본문 주석을 해보아야 한다. 인터넷이 우리에게 모든 것을 제공해 주지 않는다. 스스로의 독창성이 반드시 필요하다.

둘째, 까다롭게 굴어라. 잡지나 인터넷, 책이라고 해서 다 설교할 만한 가치가 있는 것은 아니다. 자료를 검토할 때는 좀 까다롭게 굴어야 한다. 인용을 하더라도 분별력을 가지고 설교에 사용하여야 한다.

셋째, 정당하게 행동하라. 우리는 한 사람의 설교자이자 성실한 사람으로 옳은 일을 해야 할 책임이 있다. 설교를 안전하게 전하고 싶다면 출처를 밝혀야 한다. 그러면 마음이 가벼워질 것이다.

넷째, 누구의 책임인지 상기하라. 우리가 아무리 많은 설교를 해도 결국 청중을 돕고 인도하고 가르치시는 분은 하나님이시다. 설교는 곧 예배이다. 그러니 설교자는 자기 자신을 설교하지 말고, 그리스도와 복음과 하나님의 말씀을 설교해야 한다. 설교자는 그저 겸손하게 하나님이 행하시는 일에 동참하는 자임을 기억해야 한다.

갈수록 설교가 쉽지 않다. 청중들의 요구는 천차만별이며, 학식 또한 깊어졌다. 그러나 설교를 준비할 시간은 더욱더 짧아졌으며, 집중력 또한 점점 바닥을 보이고 있다. 이런 상황에서 설교자는 자연스레 남의 것을 그냥 가져오기 쉽다. 편집자가 되어버리기 쉽다. 그럼에도 설교자는 작성자가 되어야 한다. 남의 것을 카피하면 지금 당장은 편할지 모르지만, 머지않아 그 카피가 나의 발목을 잡을 것이다.

일본 속담에 이런 말이 있다. "노력하지 않으면 삶이란 금광에 들어가서 빈손으로 나오는 것과 같다." 설교자는 이미 성경이라는 금광에 들어선 사람이다. 이제 설교자가 할 일은 내 손으로 금덩이를 캐내는 것이다. 남이 캔 것을 내 것이라 할 수 없다. 출처 없이 카피하지 말아야 한다. 힘들더라도 작성자가 되어야 한다. 창조자가 되어야 한다. 그렇다면 당신의 손에는 당신만의 금덩이, 특색 있는 설교, 자신만의 설교로 행복해질 수 있다. 더하여 청중의 행복은 당연지사 아니겠는가! 설교자는 창작의 기쁨을 절대로 빼앗겨서는 안 된다.

김정준 목사

'다음세대에게는 다음이 없다'라는 마음으로 20년째 다음세대 사역을 하고 있다. 영남신학대학교 신학과와 동 대학원, 전남대 사학과에서 서양사로 석사 학위, 한남대 대학원 기독교학과에서 교회사로 박사 수료 중이다.

저서로는 《다음 없는 다음세대에 다가가기》(글과 길), 《한 권으로 끝내는 교사 교육_이론편》(글과길), 《한 권으로 끝내는 교사 교육_실전편》(글과길)이 있고, <크리스천투데이>에 '다음 세대 다시 보기'를 연재 중이다.

은유를 활용하라

들리는 설교는 눈을 공략한다

"싸늘하다. 가슴에 비수가 날아와 꽂힌다. 하지만 걱정하지 마라. 손은 눈보다 빠르니까"

영화 〈타짜〉에 나오는 대사다. 주인공에게 도박을 가르쳐 주던 스승이 하는 말이 있다, "손은 눈보다 빠르다." 꼭 도박이 아니더라도 마술을 볼 때마다 느끼는 말이다. 모자 속에서 순식간에 비둘기가 나온다. 비둘기는 또 그렇게 갑자기 사라진다. 마술사의 손이 관객의 눈보다 빠르다.

우리가 사는 일상은 다르다. 눈이 더 빠르다. 다이어트 중이라 말하면서 아내 몰래 과자라도 하나 먹으려고 하면 영락없이 들킨다. 아내 눈이 내 손보다 빠르다. 그 눈은 손보다도 빠르고, 귀보다도 빠르다.

사람들은 귀에 들리는 소리보다 눈에 보이는 화면에 먼저 반응한다. '백문불여일견(百聞不如一見)' 백번 들려주는 것보다 한번 보여주는 것이 낫다. 사람들이 책은 보지 않아도 유튜브에 빠지는 이유다. 사람은 듣는 것보다 보는 것에 먼저 반응한다.

진짜 들리는 설교는 귀가 아니라 보는 눈을 공략한다. 예수님의 설교는 들려주는 설교를 넘어 보여주는 설교다. 눈에 보이지 않는 하나님 나라를 눈에 보이는 빵 반죽으로 그려주셨다. '천국은 마치 여자가 가루 서 말 속에 갖다 넣어 전부를 부풀게 한 누룩과 같다.' '하나님 나라가 우리 속에 들어오면 영향력 있는 삶을 삽니다.' 이런 설명보다 부풀어가는 하얀 빵 반죽의 이미지가 더 잘 다가온다.

'말씀을 들을 때 마음을 빼앗기지 말아야 한다. 말씀을 놓치는 일이 없어야 한다. 말씀을 들을 때 잠시 감동하다가 놓칠 때도 있다. 등등' 말로 설명하면 지루한 그 순간을 예수님은 그림으로 그려 주신다. 씨앗을 물고 가는 참새 하나. 돌밭 위에서 제대로 뿌리를 내리지 못하는 여린 새싹. 빛이 들지 않는 가시떨기 속에서 힘을 잃어가는 식물의 모습. 하나님 말씀을 씨앗이라는 그림 언어로 보여주시자 청중은 그 말씀에 빨려 들어간다. 예수님께서 눈을 공략하셨기 때문이다. 설교가 들리려면 예수님처럼 청중의 눈을 공략해야 한다.

은유를 활용하면 메시지가 그림이 된다

설교자도 예수님처럼 눈을 공략해야 한다. 그 방법이 은유이다. 은유란 눈에 보이지 않는 생각을 선명한 그림으로 보여주고 느끼게 해주는 것이다. 은유는 한 마디로 '다른 이름 붙이기'다. 아리스토텔레스는 《시학》에서 은유를 이렇게 말한다. "어떤 것에 다른 낯선 것에 속하는 이름을 옮겨 놓는 것" 한마디로 '다른 이름 붙이기'다.

예수님은 '말씀'에다가 '씨앗'이라는 다른 이름을 붙이신다. 그리고 말씀을 듣지 못하게 하는 '사탄'에게 '새들'이라는 새로운 이름을 붙이신다. 그러자 말씀이 마음에 들어오는 과정이 선명한 그림으로 청중에게 다가온다.

은유를 조금 더 쉽게 이해하고, 잘 활용하기 위해 잠시 어려운 어문학자들의 정의를 소개한다. 어문학자들은 은유를 '보조 관념을 통해 원관념을 나타내는 표현법'이라고 정의한다. 한마디로 '별명 붙이기'다. 별명(보조 관념)을 통해 그 사람(원관념)이 어떤 사람인지 알려주는 것이 은유다.

2022년에 방영해서 높은 시청률을 기록한 드라마 '재벌집 막내

아들'에서 이런 대사가 나온다. "그 할마씨는 스피커다. 그 할마씨 귀에 들어가는 순간 바다 건너 뉴욕 사는 톰도 알고 메리도 안다." 여기저기 말하기 좋아하는 아내(원관념)에게 '스피커'라는 별명(보조 관념)을 붙였다. 거기에다가 '숨길 수 없다.'라는 말을 '바다 건너 톰과 메리도 안다'라고 표현한다. 이것도 은유다.

드라마의 작가는 '여기저기 말하는 아내'에게는 '스피커'라는 별명을 붙였다. '더 이상 숨기지 못하고 여기저기 알려지는 결과'는 '톰과 메리도 알게 되는 결과'라고 별명을 붙였다. 은유로 말한 그 한 문장이 시청자의 귀에 쏙쏙 들린다.

대사가 어떻게 귀에 쏙쏙 들어오는가? 은유를 사용해서다. 은유를 사용하면 그림이 그려져 빠르게 귀에 와서 박힌다.

은유를 활용하면 설교가 쏙쏙 들린다

은유는 작가만 사용하지 않는다. 설교자도 사용할 수 있다. 은유를 설교에 활용하면 청중의 귀에 쏙쏙 박힌다. "건강한 교회는 반창고 영성이 있는데 메마른 교회는 소독약 영성이 있습니다. 반창고 영성은 상처가 나을 때까지 덮어주고 기다려 줍니다. 아픈 마음을 알아줍니다. 반면에 소독약 영성은 치료라는 이름으로 답을 알려 주기만 합니다. '아파도 참아! 그래야 낫는 거야.' 상처가 부글부글 끓도록 소독약을 붓습니다. '이게 다 치료 과정이야. 참아.' 제가 소독약 목사가 아닌 반창고 목사로 기억되면 좋겠습니다. 정죄와 판단이 아니라 사랑과 기도. 용납과 기다림. 반창고 목사가 되는 것이 저에게는 큰 기도 제목입니다."

정죄하는 삶과 품어 주는 삶이라는 관념적인 이야기를 소독약과 반창고라는 눈에 보이는 모습으로 바꾸었다. '정죄하는 삶'(원관념)에는 '소독약'(보조 관념)이라는 별명을 붙였고, '품어 주는 삶'(원관념)에는 '반창고'(보조 관념)라는 별명을 붙였다. 눈에 보이지 않고 두루뭉술한 개념을 눈에 보이고 느낄 수 있게 해주는 것. 귀에 들릴 수 있게 하는 것. 이것이 은유를 활용하는 설교다.

은유는 다양하게 활용할 수 있다. 적용하는 메시지뿐만 아니라 청중의 삶을 설명할 때도 은유를 활용할 수 있다. "교인은 문제를 하나님께 가지고 나온다. 사탄은 계속 사람 앞에서 말하라고 우리를 속인다. '저 사람 때문에 정말 힘들어요.'라는 말을 사람 앞에서는 1절, 2절, 3절에 후렴과 돌림노래까지 한다. 다음에 만나면 앵콜(앙코르)까지 한 번 더 한다. 그런데 그 문제를 하나님 앞에서 이야기하면 5분이면 끝이다."

'사람 앞에서 말한다.'라는 것을 '1절, 2절, 3절에 후렴과 돌림노래, 앵콜(앙코르)'라고 표현하면 청중에게 훨씬 잘 들린다. 이것은 '여러 번 반복해서 말한다.'를 은유로 표현한 것이다. "사람 앞에서는 많은 말을 하지만 기도하는 시간은 적습니다."라는 단순한 표현보다 은유를 활용하는 표현이 청중에게 잘 들리는 설교가 된다.

우리는 이미 은유를 가지고 있다

은유를 설교에 활용하는 것은 어렵지 않다. 우리는 이미 일상에서 은유를 활용하고 있기 때문이다. "지금 엄마가 아빠랑 싸워서 거실에 찬 바람이 분다.", '서로 갈등하면서 말도 하지 않고 냉랭한 분위기'에 '찬바람'이라는 별명을 붙였다. 이것이 은유다.

일상은 은유를 이미 가지고 있다. 일상뿐 아니라 성경도 은유를 이미 가지고 있다. 특히 성경의 시편은 은유로 가득하다. "여호와는 나의 목자다." 내 인생 책임지시는 하나님에게 '목자'라는 별명을 붙였다. "여호와는 나의 산성이다." 어떤 공격도 다 막아 주시는 하나님에게 '산성'이라는 별명을 붙였다. 단지 '산성'과 '목자'가 현대에서 쉽게 찾아보기 힘들기 때문에 선명하게 들리지 않을 뿐이다.

오늘날 사용하는 단어로 바꾼다면, '교인의 보증은 성령님이십니다.' 이런 식으로 표현할 수 있다. '성령님이 교인의 신앙생활을 인도해 주신다.' 이 메시지를 '보증'으로 말했다. 조금만 돌아보면 전부 주변에서 찾을 수 있는 표현들이다.

안토니오 스카르메타가 쓴 소설 《네루다의 우편배달부》는 은유가 일상에서 어떻게 사용되는지 잘 보여준다. 그 소설은 처음부터 끝까지 은유로 쓰였다고 말할 수 있을 정도다.

"왜 베아트리스의 어머니가 저를 꺼리죠? 저는 베아트리스와 결혼하고 싶은데"

"자네가 '발톱의 때' 말고는 가진 게 없어서지"

"하지만 저는 젊고 건강한걸요. 아코디언보다 더 팽팽한 허파도 있고요"

"이 허파로 순양함 돛에 바람을 불면 호주까지라도 보내버릴걸요"

'가진 것이 없는 삶'을 '발톱의 때만 가진 삶'이라고 표현하고, '젊고 건강한 몸'을 '아코디언보다 더 팽팽한 허파'라고 말한다. '이 건강으로 베아트리스가 원하는 것은 무엇이든 해주겠다.'라는 의지를 '이 허파로 순양함 돛에 바람을 불면 호주까지 보내버린다.'라고 표현한다. 이 책은 우리가 일상에서 하는 대화 속에 은유가 들어 있다는 것을 알려 준다.

이 책을 통해 은유를 담은 문장 하나가 철학책 한 권보다 낫다는 것을 알게 되었다.

"유물론자가 뭐요?"

"장미와 통닭 중 하나를 골라야 할 때 항상 통닭을 집는 사람이죠."

'유물론이란 형이상학을 거부하고 물질주의만 추구한다.'라는 유물론의 특징을 이보다 더 잘 설명한 문장을 본 적이 없다. 한 문장의 은유가 한 권의 철학책보다 더 정확하게 유물론을 설명해 주었다.

우리가 이 작가처럼 탁월하게 은유를 활용하기는 어렵다. 그러나 우리 주변을 둘러보면 이미 우리는 은유 속에 살고 있다. 우리가 은유를 이미 가지고 있다면 조금 더 연구해서 활용해야 한다. 그것이 이 시대를 살아가는 설교자의 사명이다.

은유는 훈련할 수 있다

아리스토텔레스는 《시학》에서 '은유는 남에게 배울 수 없는 것'이라고 말했다. 이 말은 절반은 맞고 절반은 틀린다. 남에게 배울 수는 없지만 충분히 훈련할 수 있다. 탁월한 작가들은 이미 은유를 활용할 수 있는 훈련법을 '글쓰기 방법'이라는 이름으로 소개하고 있다.

이외수는 《글쓰기 공중부양》에서 '단어 채집', '속성 찾기', '본성 찾기'라는 이름으로 은유 훈련법을 말하고 있다. 좋은 글을 쓰려거든 일상에서 단어를 채집하고. 그 단어의 속성을 관찰하라고 말한다. 그렇게 발견한 속성은 곧 은유로 이어진다.

다윗은 '목자'라는 단어를 일부러 채집하지 않았다. 이미 살아본 경험으로 말한 것이다. 우리가 단어의 속성도 찾지 않아도 된다. 이미 삶으로 알고 있다. 그렇게 삶으로 채집하고 찾은 속성이 하나님과 연결하면 된다. 다윗은 일상의 '목자'를 영적으로 '여호와는 나의 목자다'라는 은유로 사용한 것이다.

설교자가 다윗처럼 타고난 시인이 아니라도 괜찮다. 설교자는 노력하는 시인이 될 수 있다. '커피'라는 단어를 채집하고 속성을 찾아보면 '커피에서 믿음을 배운다. 삶은 부서질 때 향기가 나기 때문이다.'라는 은유가 나올 수 있다.

설교자가 은유를 사용하면 청중은 메시지에 더욱 집중한다. 청중을 설교에 집중하게 하는 은유를 사용해야 한다. 지금은 할 수 없을지라도 은유를 훈련하면 사용할 수 있다.

아트설교연구원에서는 매주 그 훈련을 한다. 한 단어에서 속성 100가지를 찾는 훈련을 하고, 그 속성을 가지고 글을 쓰는 훈련을 한다. 단순한 글을 넘어 영적인 메시지를 전달하는 글쓰기까지 훈련한다. 아트 설교 연구원에서 훈련하며 '톨게이트'의 속성을 가지고 쓴 글은 이렇다.

"변화는 공짜 이벤트 당첨으로 받는 경품이 아니다. 하나님으로부터 대가 지불로 받은 선물이다. 대가가 지불되면 결과는 달라진다. 대가를 지불하면 삶이 달라진다. 고속도로를 이용하면 톨게이트 비용을 지불한다. 대가를 지불해야 하이웨이를 달릴 수 있다. 평범한 내 삶이 지금과 다른 하이웨이가 되려면 대가 지불이 필요하다. 예수님은 대가 지불을 말씀하신다. 예수님을 찾아온 부자 청년. '어떻게 하면 영생을 얻을 수 있나요?' '어떤 계명을 지키면 되나요?' '무엇을 할까요?' 자신 있게 묻는다. 내가 잘 하고 있는 것. 큰 대가를 치르지 않고도 이미 하고 있는 것을 질문한다. 그때 예수님이 하신 말씀이 '대가를 지불하라'다. 네게 있는 것을 팔아 가난한 자에게 주라. 그런 후 나를 따르라. 그제야 진짜, 천국을 사모하는 삶, 영생을 소유한 삶으로 달라질 것이다. 새로운 인생을 살게 될 것이다. 새로운 삶은 새로운 헌신을 요구한다. 새로운 수고를 지불할 때 새로운 삶이 된다. 노력 없는 변화는 변덕일 뿐이다. 가짜일 수 있다. 우리는 기억해야 한다. '가짜는 있어도 공짜는 없다.'라는 것을 말이다. 갈등과 아픔, 수고와 헌신은 버려지는 시간이 아니다. 새로운 삶을 위해 인생 톨게이트에 지불하는 비용이다. 그렇게 지불한 수고와 헌신, 견딤과 아픔을 통해 삶이 달라진다. 변화를 경험한다. 우리가 천국을 누리는 하이웨이 인생은 대가 지불 후에 가능하다. 변화는 결코 공짜 이벤트 당첨으로 얻는 경품이 아니다."

박명수 목사

장안동 사랑의교회 담임이자 설교목회연구원 대표이다.
저서로는 《하나님 대답이 듣고 싶어요》,
《하나님 순종이 어려워요》 등이 있다.

에필로그

뇌가 반응케 하는 설교만 들린다

들리는 설교가 되는 조건이 있다. 뇌가 반응해야 한다. 리사 크론은
《끌리는 이야기는 어떻게 쓰는가》에서 이야기가 뇌의 관심을 잡아
끌고 있는가를 묻는다. "뇌는 관심을 잡아끌기 위해 나름대로 법칙
을 갖고 있다. 뇌는 단순히 모든 것을 선착순으로 기록하지 않는다.
스스로를 '주인공'으로 캐스팅한 다음 자신의 경험을 마치 한 편의
영화처럼 편집하여 재구성한다. 기억과 생각과 사건 사이에 논리적
상관관계를 만들고 지도를 그려, 미래에 언제든 다시 참고할 수 있
도록 남겨둔다."

  뇌는 뇌의 법칙에 맞아야 재구성하므로 설교자는 뇌가 즉각적으
로 반응을 보이는 설교, 즉 들리는 설교를 해야 한다.

뇌가 반응하는 것은 두 가지다. 첫째, 뇌의 기본적인 성질은 생존이다. 생존하기 위해 존재하며, 생존하기 위한 법칙이 있다. 청중은 영적으로 생존하기 위해 들리는 설교만 들으려 한다. 그렇다면 설교자도 청중 뇌의 신경 회로가 반응할 수 있도록 설교해야 한다.

청중의 뇌가 반응하는 것은 논픽션이 아니라 픽션이다. 그러므로 청중은 논픽션보다 픽션을 선호한다. 청중은 역사서보다는 역사 소설을 읽으려한다. 건조한 다큐멘터리보다는 영화 감상을 선호한다. 이런 것은 청중이 게으른 바보라서가 아니라 신경 회로가 이야기를 갈구하도록 설계되었기 때문이다.

둘째, 뇌는 자신에게 중요한 일에 집중하도록 만들어져 있다. 설교가 청중에게 들리면, 뇌가 중요한 일로 여긴다. 설교가 청중에게 들리지 않아도 뇌가 중요한 일로 여긴다. 청중은 뇌에 반응이 집중하므로 설교자는 청중을 그리스도인으로 만들기 위해 하나님의 말씀이 들리도록 설교해야 한다. 설교자는 뇌가 중요한 일이라 여길 수 있도록 청중이 반응하는 들리는 설교를 해야 한다. 이것이 설교자가 들리는 설교를 해야 하는 이유다.

들리면 청중은 의미를 발견한다

뇌가 반응한다는 것은 뇌가 관심을 갖는다는 의미다. 뇌는 재미와 의미에 관심을 갖는다. 설교자는 재미는 물론 의미를 발견하도록 설교해야 한다. 특히, 청중이 하나님의 의미를 발견하도록 설교해야 한다. 청중은 의미를 갈구함을 물론, 의미에 죽고 의미에 살고자 한다.

설교자나 청중은 하나님을 만나면 인생의 의미가 생긴다. 인간은 의미 없이는 35초도 살 수 없다고 한다. 음식 없이는 45일을 살 수 있다. 물 없이도 3일을 살 수 있다. 하지만, 의미 없이는 35초도 살기 어렵다.

청중은 '커피가 고프다'고 말한다. 커피가 고프니 커피를 마신다. 어떤 때는 '오늘은 커피도 한 잔 안 마셨네.'라고 말한다. 이렇게 말하는 것은 일상 중 커피 마시는 것이 삶에 중요한 의미이기 때문이다.

청중에게 하나님은 의미가 크다. 청중에게 설교는 의미가 크다. 설교가 의미가 크므로 설교에 집중하려 한다. 청중이 설교를 통해 의미를 발견하기 원한다면, 설교자는 의미 있는 설교, 들리는 설교를 해야 한다.

청중은 설교가 들리면 의미가 큰 하나님의 뜻을 발견하려 한다. 자신이 어떤 헌신을 할 것인지를 알고자 한다. 의미 있는 삶을 위해 설교를 들을 때 준비를 한다. 청중이 들리는 설교를 원하는 것은 설교가 자기 영혼과 삶의 문제를 쥐고 있다는 확신 때문이다.

뇌는 의미를 찾는다. 뇌는 삶을 더욱 의미 있게 만드는 일에 초점을 맞춘다. 청중의 뇌가 의미를 추구하므로 청중도 설교를 통해 의미를 발견하고자 한다.

그렇다고 의미만으로 안 된다. 그 의미를 만들기 위해 설교자는 설교의 핵심을 분명하게 제시해 주어야 한다. 설교에 핵심이 없고 의미만 있어도 결국 무의미해진다. 핵심 없는 의미는 도리어 청중을 고민하게 만든다. 핵심이 없고 의미가 없으면, 청중은 설교 듣기를 멈춘다. 그러면 그 이후에 선포되는 수많은 진리의 말씀들은 허공으로 흩어진다.

청중의 뇌는 재미, 의미, 그리고 핵심을 찾으므로 설교가 명확한 초점이 있길 원한다. 설교의 초점이 흐릿하면 청중은 설교에서 의미와 핵심을 발견하지 못한다. 그 설교는 청중에게 들리지 않는다. 설교를 마친 뒤 청중이 '오늘 설교의 핵심이 뭐예요?'라고 질문했다면, 설교가 들리지 않은 것이다.

광고는 초점이 명확하다. 세상은 눈만 뜨면 광고가 홍수처럼 쏟아져 나온다. 수많은 광고 중에서 소비자의 마음을 사로잡는 것은 초점이 명확한 광고다. 초점이 명확한 광고를 들었을 때, 소비자는 들려진 광고의 제품을 구입한다.

청중은 영화나 드라마 시청하기를 즐긴다. 청중이 영화나 드라마를 즐겨 시청하는 것은 메시지 초점이 더 단순하고 직설적이기 때문이다.

설교는 초점이 명확해야 한다. 초점이 명확하면 설교가 청중에게 들린다. 청중은 설교가 들릴 때 재미, 의미 그리고 핵심을 발견한다. 그 핵심을 선명하게 붙잡는다. 그러면 세상에서 하나님의 자녀라는 명확한 초점을 갖고 살려고 한다.

설교가 들리면 청중은 변화를 경험한다

설교는 핵심이 선명하고, 초점이 명확해야 한다. 이 설교가 들린다. 설교가 들리면 뒤 따르는 것이 청중의 변화다. 청중은 들린 설교대로 행동하고자 하는 열망이 커진 뒤 뚜렷한 변화가 일어난다.

fMRI를 이용한 최근 연구에서 피험자에게 단편소설을 읽게 하고 뇌를 촬영했더니 그들이 소설 속에서 주인공의 어떤 행동을 '읽을' 때와 실제 생활에서 그 행동을 '할 때' 켜지는 두뇌의 부위가 일치한다는 사실이 밝혀졌다.

소설 속에서 주인공의 어떤 행동을 '읽을' 때와 실제 생활에서 그 행동을 '할 때'처럼 설교가 청중에게 들리면 실제 생활에서 들려진 말씀을 행동으로 옮긴다. 설교를 통해 예수님을 느끼고 경험한 것을 똑같이 느끼고 경험한다. 그 결과 청중은 예수님의 삶을 현장에서 살아낸다.

청중에게 설교가 들려야 한다. 설교가 들리면, 자기 시각이 아니라 하나님의 시각을 갖는다. 소설가 마르셀 프루스트의 말처럼 설교자는 청중이 새로운 시각을 갖도록 해줘야 한다. "진정한 발견이란 새로운 땅을 찾아내는 것이 아니라 새로운 시각을 갖는 것이다." 설교가 들리면 청중은 하나님에 대해 이전과 다른 새로운 시각을 갖는다. 자기 삶을 어떻게 하나님을 위해서 살 것인가를 전과 다른 새로운 시각을 갖는다.

청중이 새로운 시각을 가지려면 하나의 세계를 깨뜨려야 한다. 깨뜨리지 못하면 결코 새로운 시각을 가질 수 없다. 헤르만 헤세의 소설 《데미안》에 이런 말이 있다. "새는 알에서 나오려고 투쟁한다. 알은 세계이다. 태어나려는 자는 하나의 세계를 깨뜨려야 한다. 새는 신에게로 날아간다. 신의 이름은 압락사스." 새롭게 태어나려는 자는 하나의 세계를 깨뜨려야 한다. 설교자가 들리는 설교를 하려면 지금 자기의 세계를 깨뜨려야 한다. 청중이 설교로 변화를 경험하려면 자기 세계를 깨뜨려야 한다. 그런 뒤 하나님의 세계를 경험한다. 아무튼 새로움과 변화는 설교가 들림으로 가능하다.

설교자는 들리는 설교로 청중과 공감의 마침표를 찍어야 한다

청중의 설교에 대한 정의는 이렇다.

"설교는 들려야 한다."

설교자의 설교에 대한 정의는 이렇다.

"설교는 선포다."

그렇다면 설교에 대한 하나님의 정의는 무엇인가?

"청중과 공감이다."

하나님은 청중과 공감되지 않으면 설교라 하지 않으신다. 예수님의 설교가 우리와 공감되지 않은 적이 없으시다. 동정녀 마리아로부터 탄생, 세례 요한으로부터 세례를 받으시는 장면, 십자가의 사건, 부활의 사건, 그 외 예수님의 행적 등은 우리와 최상의 공감대를 형성하셨다. 예수님의 설교와 행적 등은 설교자가 청중과 어떻게 해야 공감 되는지를 제대로 보여주신다.

설교자의 설교가 청중과 공감되지 않는 것은 일차적으로 설교가 들리지 않기 때문이다. 설교가 들리면 청중은 고개를 끄덕인다. 그 다음 리액션을 보인다. 마지막으로 들은 대로 살아낸다.

설교는 공감되어야 한다. 하나님께서 정의하시는 설교처럼 설교가 공감대의 마침표를 찍어야 한다. 공감대의 마침표를 찍지 못하면 청중에게 지루한 설교가 된다. 한근태는 《인생은 역설의 역설이다》에서 창의적 인재들은 지루함을 견디지 못한단다. "창의적 인재들은 반짝반짝하는 사람들이다. 지루함을 견디지 못한다."

펄스라는 사람은 "지루함은 진정한 관심을 방해한 결과"라고 말한다. 우리 뇌는 지루함을 느끼면 자극을 찾아서 움직이거나 아예 잠들어버린다.

설교는 지루하지 않아야 한다. 공감대가 형성되면 지루하지 않다. 도리어 흥미진진하다. 설교자는 설교가 청중과 공감대가 형성되도록 철저히 준비해야 한다.

설교는 들리는 설교로 청중과 공감대 형성에 마침표를 찍어야 한다. 설교가 들려, 공감대를 형성해야 하는 또 다른 이유가 있다. 인간의 집중력의 한계가 뚜렷하기 때문이다.

요한 하리는 《도둑맞은 집중력》에서 학생들의 집중력은 평균 65초, 성인의 집중력은 3분이라고 한다. "한 소규모 연구는 평범한 미국인 대학생이 무언가에 얼마나 자주 주의를 기울이는지를 조사하기로 했다. 과학자들은 학생들의 컴퓨터에 추적 소프트웨어를 설치하고 그들이 평범한 하루에 무엇을 하는지 관찰했다. 그리고 학생들이 평균 65초마다 하는 일을 전환한다는 사실을 발견했다. 이들이 어느 하나에 집중하는 시간의 중간값은 겨우 19초였다. 당신이 성인이고 이 연구 결과에 우월감을 느낀다면, 잠시 참아보라. 캘리포니아 어바인 대학의 정보과학 교수이자 나와 인터뷰를 한 글로리아 마크가 진행한 또 다른 연구는 사무실에서 일하는 성인이 평균적으로 한 가지 일을 얼마나 오래 붙들고 있는지 관찰했다. 그 결과는 3분이었다."

집중력이 짧은 현대인에게 집중력을 지속시키려면 설교가 들리는 것 밖에 없다. 청중에게 저절로 들림으로 공감할 수 있는 설교여야 한다.

이 책은 첫 시작이다. 시작이 반이라는 말처럼, 한 권으로 끝나는 책이 아니다. 앞으로 〈설교 트렌드 시리즈〉로 지속적으로 출간될 예정이다. 이 책은 여러 명의 수고로 세상에 나왔다. 함께 한 목회자는 아래와 같다.

김도인, 박윤성, 손동식, 이재영, 석근대, 황상형, 허진곤, 이지철, 박명수, 김현수, 김정준 목사가 한국교회 강단의 성령의 바람이 불기를 소원하는 마음으로 쓰다.

김도인 목사

아트설교연구원 대표, 〈글과길〉 출판사 대표이다.
지천명 때 독서를 시작해 10년 만에 5,000여권의 책을 읽었다.
총신대학교 신학대학원에서 신학을, 서강대학교 공공정책 대학원
에서 사회복지를 공부했다. 매주 설교자들을 대상으로 설교 글쓰기
강의, 책 쓰기 코칭과 외부 강의를 한다.
저서로는 《설교는 글쓰기다》, 《나만의 설교를 만드는 글쓰기 특강》,
《설교는 글쓰기다3》, 《설교자와 묵상》, 《설교를 통해 배운다》, 《설
교는 인문학이다》, 《인문학, 설교에 어떻게 활용 할 것인가》, 《언택
트와 교회》, 《독서꽝에서 독서광으로》, 《이기는 독서》, 《다음세대
셧다운》, 《목회트렌드 2023》, 《목회트렌드 2024》 등 20권의 저서
가 있다.
현재 매주 국내와 국외에서 10회 전후로 독서, 글쓰기, 책 쓰기 코
칭, 인문학과 시대의 트렌드 흐름 등의 강의를 한다.

설교트렌드 2025
- 들리는 설교

지은이	김도인 박윤성 손동식 이재영 석근대 황상형 허진곤 이지철 박명수 김현수 김정준
발행일	초판 1쇄 발행 2024년 6월 20일
발행인	김도인
펴낸곳	글과길
출판사	등록 제2020-000078호[2020.5.29.] 서울특별시 송파구 삼학사로 19길 5 3층 wordroad29@naver.com
편집	이재영
디자인	안영미
공급처	하늘유통 경기도 파주시 광탄면 분수리 350-3 전화 031—947-7777 팩스 0505-365-0691 ©2024, Kim Do In allrights reserved
ISBN	979-11-984685-8-1 03230
값	18,000원